유능한 상사의

능력있는 부하만들기

'KEKKA' WO DASU BUKA WO TSUKURU COACHING-JUTSU
Copyrignt© 2002 by Sakurai Kazunori
All rights reserved.
Originally published in Japan by Publisher SEISHUN SHUPPANSHA, Tokyo
Korean translation copyright© 2002 by DongHae Publishing Co.

Korean edition is published by arrangement with UNION Agency,Seoul.

이 책의 한국어판 저작권은 UNION Agency를 통한
저자와의 독점 계약으로 도서출판 동해에 있습니다.
신저작권법에 의하여 한국내에서 보호를 받는 저작물이므로
무단전재와 무단복제를 금합니다.

유능한 상사의
능력있는 부하만들기

사쿠라이 카즈노리 지음 | 박현석 옮김

동해출판

Contents

유능한 상사의 능력있는 부하 만들기

서장 왜 지금까지의 방법으로는 '결과'를 낳을 수 없게 되었을까
  노력하면 결과를 낳을 수 있던 시대는 지났다 • 11
  '티칭'에서 '코칭'으로 • 15
  미국을 불황에서 부활시킨 원동력 • 20

1장 부하를 능숙하게 부릴 줄 아는 사람은 무엇이 다른가
  부하가 생각대로 움직이지 않는 이유 • 27
  상대의 스타일에 맞는 '대처법'을 알아야 한다 • 32
  - 단도직입적이고 지도를 싫어하는 콘트롤러
  - 아이디어를 중시하고 남을 잘 챙겨주는 프로모터
  - 자신의 스타일에 맞춰 차근차근 일을 처리하는 아날라이저
  - 다른 사람을 도와주는 데서 기쁨을 느끼는 서포터

2장 '질문'하는 방법 하나로도 부하의 의식은 크게 변한다
　가르침에 능숙한 상사일수록 독창성 없는 부하를 만든다 • 59
　마음의 문을 여는 '페이싱'의 테크닉 • 64
　'질문'한다고 하면서 '힐문'하고 있지는 않습니까 • 67
　상대방이 '이야기를 듣게'하는 방법 • 74
　사람을 움직이게 하는 '액티브 리스닝'의 기본 스킬 • 81

　　▪ 리프레인을 활용한다
　　▪ 접속사를 효과적으로 사용한다
　　▪ 목소리의 톤이 대화를 즐겁게 한다
　　▪ 피드백을 통해 의식을 바꾼다
　　▪ 침묵의 효과

　알고 싶은 것을 능숙하게 질문하는 '청크 다운'의 스킬 • 94

3장 '결과'를 낳는 부하를 이미지화하는 방법
　이것을 알면 결과가 바뀌기 시작한다 • 103
　부하에 대한 '평가'의 폐해 • 106
　이런 '전제'가 상대의 마음을 열게 한다 • 108
　자동차왕 포드의 생각에서 배운다 • 113
　'제안'을 '명령'으로 바꿔버리는 함정 • 117
　'결과'를 낳는 성공 이미지 • 123
　'시각화'로 무엇을 해야 할지를 알 수 있다 • 128
　'프레임'을 바꿔서 새로운 시야를 제공하라 • 135
　성공을 체험함으로 해서 '자신감'을 얻는다 • 142
　성공자를 이미지화하게 하는 '모델링'법 • 150

4장 '의욕'을 갖게 하는 지도법, 잃게 하는 지도법

'실패'를 성공으로 연결시키는 사람과 연결시키지 못하는 사람의 차이 • 157
상사의 한마디로 일에 임하는 자세가 변한다 • 166
상대에 따른 효과적인 칭찬법이 있다 • 172

- 자기편이라고 느끼게 하는 'I 메시지'의 승인
- 격려받고 있다고 느끼게 하는 'YOU 메시지'에 의한 승인
- 조직에 공헌하고 있다고 느끼게 하는 'WE 메시지'에 의한 승인

3개의 승인을 어떤 식으로 활용해야 하나 • 184
a. 부하의 실정을 파악할 것 / b. 알기 쉬운 말로 전달할 것
c. 상대의 반응을 놓치지 말 것 / d. 거절 당할 경우도 있다는 것을 알 것
e. 상대에게 이익이 되는 일을 생각할 것

승인을 효과적으로 부여하는 3가지 포인트 • 188
1. 승인의 필연성
2. 승인을 도구로 사용하지 말 것
3. 구체적인 일을 지적할 것

'논버벌 커뮤니케이션'의 효과 • 192
1. 페이싱의 효과
2. 표정이나 목소리의 변별화를 꾀하자

부하의 '문제점'과 '해결책'을 이끌어내는 면접의 예 • 198

5장 '목표'를 설정함으로써 얻어지는 이점, 달성시키기 위한 노하우

어떻게 해야 목표를 달성하려는 마음이 생기는 것일까 • 211
목표를 설정함으로써 얻어지는 7가지 이점 • 217

    1. 에너지가 한곳으로 집중된다
    2. 미래를 시각화한다
    3. 미완성 상태의 일을 완성시킨다
    4. 자신감과 책임감이 생긴다
    5. 주위와의 커뮤니케이션이 깊어진다
    6. 향상심을 갖게 한다
    7. 목표 달성을 가능하게 하는 과정을 몸에 익힐 수 있다

목표를 달성시키려고 할 때의 주의점 • 230

종장 6개월 뒤, 틀림없이 '이윤을 남기는 조직'으로 만드는 지도법

부하가 좋다고 생각하는 것이 부하를 위한 것이 아니라는 사실 • 241
지도법으로 '조직'이 변한다 • 245
당신과 부하 사이에는 16가지의 관계가 있다 • 251

후기를 대신하며 • 203

서장

왜 지금까지의 방법으로는
'결과'를 낳을 수 없었을까

노력하면 결과를 얻을 수 있는 시대는 지났다

기업 환경의 극심한 변모 양상은 고도성장기에 입사한 사람들에게 무척 당황스러운 일입니다. 기업환경 변모의 대표적인 예로는 일본 경제의 기반이었던 종신고용제와 연공제(年功制)의 붕괴를 들 수 있을 것입니다.

이에 따라 상사와 부하 사이에는 미묘한 온도차가 발생하기 시작했습니다. 예전 같으면 일이 잘 풀리지 않아 당황하고 있는 부하에게 '나도 젊었을 때는 그랬다'고 말하는 등 자신의 경험을 이야기해 주면 부하는 이에 쉽게 수긍하곤 했었습니다.

그렇지만 지금은 다릅니다.

자신의 경험을 얘기하고 문제를 타개할 방법을 말해 주는 일에 보람을 느낄 수 없게 되어버린 것은 아닌지요. 입으로는 '알겠습니다' 라고 말하지만 정말로 그렇게 할 마음이 있는 것일까. 당신은 틀림없이 부하에 대해 확신을 갖지 못하고 있습니다.

지금까지 사내(社內)에서의 커뮤니케이션은 위에서 아래로, 즉 수직적(top-down)으로 행해져 왔습니다.

'이렇게 해야만 한다' 는 지시나 명령에서부터 '이렇게 해주길 바란다' 는 요청까지 전부 상사로부터 부하에게 전달되는 피라미드 형 사회를 형성하고 있었습니다.

이와 같은 피라미드 형 사회 속에서는 '위에서부터 밑으로' 식의 일방적인 가르침(Teaching)과 같은 커뮤니케이션이 주가 되었습니다.

1964년 동경 올림픽에서 우승한 일본 여자 배구팀을 이끌었던 사람은 바로 오오마츠 히로후미(大松博文) 감독이었습니다. 오오마츠 감독은 '하면 된다' 는 지도 방침을 내걸고 스파

르타식 훈련으로 선수들을 단련시켜 동양의 마녀라고까지 불리는 최강의 팀을 탄생시켰습니다.

이 '하면 된다' 야말로 수직적인 가르침의 전형적인 예라고 할 수 있습니다.

사실 부하를 지도·육성하는 데 있어서 비단 스포츠계뿐만 아니라 거의 모든 부문에 걸쳐서 이 방법이 행해져 왔다고 해도 과언이 아닐 것입니다. 당근을 주기도 하고 때로는 질책하기도 하면서 목표를 내걸고, 가르치고, 리드해 나간다, 그렇게 하면 결과를 얻을 수 있었기 때문에 누구도 그 방법에 대해서 의심을 품지 않았던 것입니다.

고도 성장기 시대까지는 영업활동을 하러 나가는 횟수만 늘리면, 물론 개인차는 있지만 어느 정도 성적의 향상을 기대할 수 있었습니다. 하지만 거품이 사라진, 특히 요 몇 년간의 일본의 경제 상황에서는 '하면 된다' 라는 식의 사고방식은 통용되지 않게 되어 버렸습니다.

'하면 된다' 라는 전제 하에 일을 시작했지만, '할 수 없었다' 라는 결과가 나왔을 때는 '노력이 부족했다', '능력이 없었다' 라는 식의 추상적인 평가를 하기 쉽습니다.

본인은 열심히 노력하고 있는데 이와 같은 평가가 나왔다면 글쎄, 어떨까요. 부하는 의욕을 잃을 것이고 목표를 향해 한걸음 더 나아가려는 시도를 하지 않을 것입니다.

'티칭'에서 '코칭'으로

이 가르침(Teaching)을 대신하는 전혀 새로운 방법으로서 지금 비즈니스계에서 가장 주목받고 있는 것이 지도(Coaching)라는 방법입니다.

코치나 코칭이라는 말을 들으면 가장 먼저 프로야구의 코치부터 축구나 배구 등의 코치를 떠올릴 것입니다. 스포츠계에 있어서 코치는 선수가 보다 더 좋은 성적을 남길 수 있도록 도와주는 존재입니다. 여기서의 가르침은 주로 왕년에 유명한 선수였던 코치가 자신의 경험이나 기술을 토대로 가르치는 형식입니다. 즉 실제적으로 행해지고 있는 것은 지도가 아니라 가르침이라고 할 수 있을 것입니다.

그렇다면 지도라는 것은 무엇일까. 한마디로 말하자면 '상대가 자발적으로 행동하도록 만드는 커뮤니케이션'이라고 할 수 있을 것입니다.

'자신의 생각을 기초로, 스스로 나아가야 할 길을 결정하고, 그러기 위해서는 무엇을 해야 하는가를 인식하고, 주체적으로 행동한다' 그것을 도와주는 것이 지도라는 것입니다.

스포츠계에서 예로 들자면 2001년 베를린 마라톤에서 세계기록을 세운 타카하시 나오코(高橋尙子) 선수를 지도한 코이데 요시오(小出義雄) 감독을 들 수 있을 것입니다.

코이데 감독은 하코네(箱根) 역전 마라톤에 출전한 경험이 있기는 하지만 현역 시절에는 그다지 유명한 선수는 아니었습니다. 인터뷰나 저서에서는 언제나 '나보다도, 선수들이 능력 있기 때문이다'라고 말하고 있고, 말뿐 아니라 실제로도 그것을 인정하고 있습니다. 코이데 감독이 가르침보다는 지도의 개념을 강력하게 내세우고 있다는 것을 잘 말해 주는 예입니다.

만약 자신보다 능력에서도 뒤지고 실적도 없는 사람으로부터 '내 말대로 하면 성공한다' 라는 말을 듣는다면 누가 진지하게 그것을 받아들이겠습니까?

코이데 감독이 자신 이상의 잠재 능력을 가지고 있는 타카하시 선수에게 부여한 것은 달리는 기쁨을 스스로가 찾을 수 있도록 찬스를 준 것입니다. 그를 위해서 감독은 타카하시 선수를 끊임없이 칭찬했다고 합니다.

지도에 있어서 상대를 칭찬하는 것은 상대에게 의욕을 갖게 하는 중요한 방법 중 하나입니다. 타카하시 선수는 칭찬을 받음으로 해서 능동적으로 목표를 향해 움직이게 되었고 달리는 기쁨을 체득하게 되어 힘든 고지 훈련도 적극적인 자세로 임할 수 있었다고 합니다.

이처럼 지도의 기본적인 개념은 엄격한 승부의 세계인 프로 스포츠계에서 한발 앞서 주목을 받았습니다.

코치는 선수에게 무엇인가를 가르치거나 지시, 명령을 하는 대신 선수 자신이 깨달을 수 있도록 질문을 하는 것입니다.

프로 골프계의 왕자로 군림하고 있는 타이거 우즈의 현재 코치는 부치 바몬입니다. 2000년 타이거 우즈가 그랜드슬램을 달성했을 때 부치 바몬이 인터뷰를 하고 있었습니다.

"당신은 어떻게 세계 최고의 골퍼의 코치를 할 수 있었는가?"

라는 질문에 그는 이렇게 대답했습니다.

"말할 필요도 없는 사실이지만 우즈가 나보다 골프를 더 잘 치기 때문에 나는 아무것도 가르칠 것이 없다. 내가 하고 있는 일은 우즈에게 많은 질문을 해서 다음 시합에 대한 이미지를 확실하게 만들어주는 것. 예를 들어 '전영 오픈에서는 어떤 시합을 하고 싶어?' 라고 물으면 우즈는 '바람이 강해 러프나 벙커에 공이 떨어지면 고전을 면치 못할 테니까 낮은 볼로, 거리는 많이 나오지 않아도 좋으니까 페어웨이에 정확하게 떨어뜨리고 싶다' 라고 대답한다. '그렇게 하기 위해서 필요한 것은 무엇이지?' 라고 물으면 '오버 스윙을 자제하고 스윙을 좀더 단순하게 할 필요가 있겠지' 라고 대답한다. 그리고 우리 두 사람은 이를 위한 훈련 계획을 세우고 연습을 시작한다."

즉 던져진 질문에 대해 스스로 생각하고 스스로 답을 찾아내도록 하며, 일방적으로 답을 주입시키는 것이 아닌 상대의 머리로 생각하도록 만드는 것입니다.

그것을 끝까지 파고 들어가면 자신이 가지고 있는 문제점이 드러나고 어떻게 하면 그 문제점을 극복할 수 있을까를 알게 되는 것입니다.

그리고 그를 위해서는 어떻게 해야 하는가를 본인 스스로가 이해하게 되는 것입니다.

문제에 대한 답은 언제나 자신이 가지고 있습니다. 하지만 대다수 사람들은 지시나 명령에 길들여져 있기 때문에 이 사실을 알지 못합니다.

'스스로의 손으로 해답을 찾아내게 하고 그것을 행동으로 옮기도록 만든다'

그것이 지도라는 것입니다.

미국을 불황에서 부활시킨 원동력

 이 방식이 미국의 비즈니스계에서 획기적인 커뮤니케이션 스킬로써 주목 받기 시작한 것은 1960년대 후반이었습니다. 당시 미국의 경제는 극심한 불황 상태에서 새로운 활로를 찾기 위해 발버둥치고 있었습니다.

 이후 미국은 IT관련 산업의 육성 등으로 부활을 이룬 것이 사실이지만 기업의 활성화, 종업원의 모티베이션 향상이 커다란 힘이 되었다는 것에는 이견이 없습니다.

 그리고 지도가 그 원동력의 하나였다고 말하고 있습니다.

실제로 미국의 유력기업 대부분이 매니저에게 필요한 직무 능력으로 지도 부문을 들고 있습니다.

일본의 첫 코치 육성기관인 '주식회사 코치 21'이 비즈니스 코치 양성에 착수한 것은 1997년이었습니다만 안타깝게도 당시 일본에서는 지도에 대한 인식이 부족했기에 인사 담당자, 연수 담당자들조차도 거의 이에 대해 모르고 있었던 실정이었습니다.

하지만 지금의 상장 기업이나 외국계 기업의 일본 법인에서 지도에 대해 모르는 담당자는 없을 뿐만 아니라 더 나아가 기업내 코치 양성도 이루어지게 되었습니다.

한 외국계 제약회사의 일본 법인으로부터, 구조조정의 폐해로 인해 커뮤니케이션이 잘 이루어지지 않는데 어떻게 이를 개선할 수 없을까, 하는 상담을 받은 적이 있었습니다.

이 회사도 전에는 피라미드 구조의 조직이었습니다만 성과주의 도입으로 인해 조직은 피라미드 형에서 플랫(flat, 수평인, 평평한) 형으로 개편되었습니다. 피라미드 형이었던 때에는 MR(Medical Representative)라고 불리는 판매 담당자를 그 조직의 장이 평가하고 있었지만 조직 개편에 의해 에리어매니저라는 새로운 부서가 신설되어 중간 간부 중에 성적이 우수한 MR가 발탁되었던 것입니다.

한 사람의 에리어매니저가 7, 8명에서 10명의 MR를 평가하게 된 것입니다. 이것은 4월의 면담에서 상반기의 목표를 설정하고 6개월 뒤인 9월에 다시 평가를 위해서 면담을 해서 급여를 결정하는 시스템입니다.

한편으로는 합리적으로 보이는 이 성과주의의 무엇이 문제였을까요?

실은 에리어매니저도 자신의 담당 구역을 가지고 있어서 다른 사원들과 마찬가지로 외근을 하지 않으면 안 됩니다. 소위 말하는 플레잉 매니저이기 때문에 당연히 부하와의 커뮤니케이션을 위한 시간적 여유가 없습니다.

부하의 입장에서 보자면 첫 면담이 있은 후 6개월 뒤에 갑자기 결과를 들이밀며 일방적으로 감사를 받고 있는 듯한 인상을 받게 됩니다. 곤란한 일을 당했을 때 회사는, 혹은 상사는 무엇을 해 주었나? 혼자 내버려두지 않았던가. 그런 참을 수 없는 울분이 마찰을 낳게 한 것입니다.

문제는 첫 면담과 감사 사이의 공백 기간입니다. 그래서 에리어매니저가 지도를 행할 수 있도록 저희들은 코칭 스킬 연수를 실시했습니다. 공백기간을 만들지 않기 위해 에리어매니저가 부하에게 늘 지도를 행하도록 한 것입니다.

"뭐 하고 있는 거야. 이러면 목표를 달성할 수가 없잖아"라는 식으로 위에서부터 짓누르는 방법이 아니라 자발성을 갖도록 지도의 방법을 일상의 커뮤니케이션 속에 도입한 것입니다. 6개월이 지나자 삐그덕거리던 관계가 풀어졌고 드디어는 아침 인사에서도 활기를 되찾게 되었습니다.

이 조그만 변화가 회사에 커다란 변화를 가져왔습니다. 상사와 부하 사이의 신뢰가 회복되었고 그것이 생산성의 향상으로 연결된 것입니다.

지금까지 중간 간부의 가장 큰 의무는 부하를 관리하는 것이었습니다. 하지만 오늘날의 중간 간부에게는 관리자 이상으로, 부하가 자발성을 갖도록 도와줌으로써 부하 스스로 정한 목표를 향해서 행동하도록 하는 코치로서의 역할이 보다 강하게 요구되고 있는 것입니다.

인간으로서 누구나가 가지고 있는 가능성. 그것을 단지 가능성으로 끝내는 것이 아닌 행동을 통해 풍부한 결실로 이끌어내는 기법이 지도라는 것입니다. 비즈니스 세계에서 효과적으로 활용할 수 있는 것은 말할 나위도 없습니다. 지도의 장점은 커뮤니케이션을 수반해야 하는 많은 경우에 응용될 수 있다는 점에 있습니다.

이 책은 비즈니스에서의 상사와 부하의 관계에 중점을 두고 구성했습니다. 하지만 상황을 바꾼다면 자녀 교육이나 자신의 장래 설계 등 다른 여러 분야에서도 참고할 수 있으리라 확신합니다.

1장

부하를 능숙하게 부릴 줄 아는 사람은 무엇이 다른가

부하가 생각대로 움직이지 않는 이유

'부하가 생각대로 움직여주질 않는다', '전달한 일이 행동으로 옮겨지질 않는다'…….

부하를 거느린 사람에게 있어서 자신의 생각이 전달되지 않을 때만큼 괴로운 적은 없을 것입니다. 이럴 때 당신은 어떻게 대처를 하겠습니까. 포기해 버린다? 아니면 소리를 지른다? 자동차 판매 회사의 신임 영업매니저인 Y씨도 이와 같은 고민을 가지고 있었습니다.

Y씨는, 그 서글서글한 목소리하며, 그냥 보기에도 열혈남이라는 것을 느낄 수 있었습니다. 자신의 일에 대한 열의는 영

업에 잘 맞는 성격이라는 것을 자신도 깨닫고 있었습니다. 이 Y씨가 매니저로 취임하면서 처음으로 부하를 거느리게 되었습니다.

그 부하는 국립대학을 졸업한 우수한 인재였지만 기대와는 달리 늘 Y씨의 골치를 썩이는 존재가 되어버렸습니다.

"최선을 다해서 영업을 하겠다는 마음이 전혀 없는 듯합니다. '영업은 숫자야. 어쨋든 갔다와' 라고 독려하기도 하지만 그래도 자리에서 일어서려 하질 않습니다. 그 이유가 '지금은 때가 아니라고 생각한다' 는 것입니다. 정말 답답하기만 할 뿐입니다."

Y씨는 이렇게 말했고 그 답답함이 폭발하는 것은 시간 문제라는 생각이 들었습니다. 하지만 감정적으로 일을 처리한다면 문제가 해결되기는커녕 오히려 사태를 더욱 악화시킬 것입니다.

커뮤니케이션에 관련된 책에서는 '이런 경우 분위기를 바꿔서 술자리 같은 곳에서 편안한 마음으로 흉금을 털어놓고 이야기하면 좋을 것이다' 라는 등의 말을 합니다. 실제로 퇴근 시간 이후를 이용해 부하를 달래는 상사도 적지 않습니다.

하지만 일 때문에 마찰을 빚고 있는 부하를 앞에 두고 어떻게 흉금을 털어놓을 수 있으며, 또 무슨 얘기를 하면 좋은 것일까요? 아마도 '우리들이 젊었을 때는……' 라는 식의 잔소리가 되어 부하는 더욱 경직돼 버릴 것이 틀림없습니다.

문제 해결을 위해서는 가장 원초적인 문제로 되돌아갈 필요가 있습니다. '왜 부하가 움직여주질 않는 걸까?'를 생각하고 부하와 자신과의 관계를 한 발 떨어진 곳에서 바라볼 필요가 있습니다. 그리고 이렇게 자문해 보십시오.

① 자신과 부하와의 관계에 많든 적든 긴장감이나 저항감은 없는가?
② 부하가 어떤 일에서 가치를 느끼고 있는지 알고 있는가?
③ 부하가 어떤 것에 관심을 가지고 있는지 알고 있는가?
④ 부하가 자신의 의도를 드러내도록 노력한 적이 있는가?

틀림없이 첫 번째 질문에는 '예스'라고 대답했을 것입니다. 하지만 계속되는 질문에는 '노'라고 대답하실 분이 많은 건 아닌지요.

'서로에게 긴장감이 있기 때문에 커뮤니케이션이 제대로

이루어지질 않는다' 이것은 쉽게 수긍이 갑니다. 하지만 왜 부하가 의도하고 있는 것을 드러내도록 하지 않는 걸까? 이유는 간단합니다. 부하가 어떤 것에 흥미를 갖고 있는지, 어떤 가치관을 갖고 있는지 모르기 때문에 인간 대 인간으로서의 접점(인터페이스)이 없는 것입니다.

매일 얼굴을 맞대고 일을 하다 보면 접점이 생겨날 것 같지만 그것은 오해에 지나지 않습니다. 참된 의미에서의 인터페이스를 가지려면 상대의 인간적 특성을 잘 알고 있어야 합니다.

예를 들어서 당신이 작은 일에는 신경쓰지 않고 전진하는 방법으로 문제에 대처해야 한다는 사고방식을 갖고 있는 사람이라고 합시다. 반대로 부하는 행동하기 전에 생각하고, 데이터를 수집해서 결과를 신중하게 쌓아나가는 스타일이라고 한다면 부하는 당신을 성질 급하고 경솔한 인간으로 바라볼 가능성이 있습니다.

회사에서만이 아니라 어디에고 미운 사람은 존재하기 마련입니다. 행동방식, 사고방식, 가치관의 불일치는 서로를 싫어하고 미워하는 마음을 만들어냅니다.

사적인 관계라면 상대를 피하면 그만이지만 일과 관련되어 있다면 그렇게 할 수도 없게 됩니다. 아무리 싫어하는 사람이라도 그 상대가 부하라면 일을 하도록 해야 하고 실적을 쌓도록 해야겠다고 마음 먹는 것은 아주 당연한 일입니다.

상대의 스타일에 맞는 '대처법'을 알아야 한다

그러기 위해 필요한 것은 상대와 자신이 어떤 스타일의 인간인가를 아는 것입니다.

'코치 21'에서 회사나 조직에 있어서의 리더십과 대인 관계에 관련된 질문을 200항목 설정하여 300명의 비즈니스맨을 대상으로 조사를 실시한 적이 있었습니다. 그 결과를 바탕으로 비즈니맨의 인간관계를 유형별로 분석해 본 결과 다음과 같은 4개의 유형으로 종합할 수 있었습니다.

① 사람이나 일을 지배해 나가는 콘트롤러(Controller) 스타일

② 사람이나 일을 추진해 나가는 프로모터(Promoter) 스타일

③ 분석을 즐기며 전략을 세워 행동하는 아날라이저(Analyzer) 스타일

④ 전체를 지탱해 나가는 서포터(Supporter) 스타일

여기서 주의해야 할 것은 이 분류가 각 스타일에 따른 우열을 나타내기 위한 것이 아니라 행동 양식이나 가치관의 특성을 알기 쉽게 나타내기 위해 만들어진 것이라는 것입니다. 그리고 '이 부하는 이런 스타일이니까 이런 성격임에 틀림없어' 라고 속단한다면 오히려 인간관계가 삐걱거리게 될지도 모른다는 것입니다.

이 분류는 어디까지나 지도를 효과적으로 행해 상대방조차도 알지 못했던 자신의 가능성을 일깨워 가치를 창출해내기 위한 스킬입니다.

이 점에 주의하면서 각 스타일의 사람들이 구체적으로 어떤 특성을 가지고 있는지 자세하게 알아보기로 합시다.

1. 단도직입적이고 지도를 싫어하는 콘트롤러

동경도(東京都) 지사인 이시하라 신타로(石原愼太郞) 씨가 은행 업계에 대해 표준외형과세를 도입하겠다고 공표한 것이 2000년 2월. 법인이 적자 상태라 하더라도 매상금에서 매입금만을 뺀 수입에도 세금을 매길 수 있도록 한 이 제도의 도입에 세상은 앗! 하고 놀랐습니다.

도(都)의 관료들을 인솔해서, 중앙 정부를 젖혀두고 정책을 수행해 나가는 행동력이야말로 콘트롤러 스타일의 전형이라고 할 수 있겠습니다. 이 유형의 사람들은 주위 사람들이 위압감을 느낄 정도로 말은 언제나 단도직입적으로 합니다.

이들은 다른 사람에게 지도 받는 것을 싫어하기 때문에 자신의 생각대로 이들을 움직이려고 했다가는 충돌을 할 수밖에 없습니다. 이야기할 때도 자잘한 것들을 늘어놓으면 '무슨 말이 하고 싶은 거야' 라며 단도직입적인 반응을 보입니다. 언제나 결론을 중시 여깁니다.

얼핏 보기에는 무서운 얼굴을 하고 있지만 그들 앞에서 필요 이상으로 몸을 사릴 필요는 없습니다. 사실 이들에게는 다른 사람을 돌보기를 좋아하고 마음속에 꽁하고 있는 것을 싫어하는 특징이 있습니다. 활력이 넘치는 기업의 사장이나 수완이 좋은 상사에게도 인정받을 수 있는 면모를 갖춘 것입니다.

주의점
Attention!

① 서둘러 결론을 듣고 싶어하는 경향이 뚜렷하기 때문에 다른 사람의 이야기를 침착하게 듣는 경우가 적다. 이야기는 극단적으로 요약해 결론을 말한다.
② 명령·지도를 싫어하기 때문에 콘트롤하려고 해서는 안 된다.
③ 공격적으로 보이는 태도에 위축되지 말 것. 본심은 정직하고 공평하다. 그 어떤 일이 있어도 뒤끝이 없다.
④ 이것저것 생각하지 말고 직설적으로 이야기하면 잘 받아들인다.

2. 아이디어를 중시하고 남을 잘 챙겨주는 프로모터

파티에 나가 보면 다른 곳과 달리 사람들이 많이 모여 있고 언제까지나 이야깃거리가 끊이지 않는 곳이 있는 것을 볼 수가 있습니다. 그 중심에 있는 것이 바로 프로모터 스타일.

여러 사람과 함께 움직이는 것을 좋아하고 이벤트를 기획하는 것에도 적극적입니다. 상상력이 풍부하고 아이디어도 풍부해서 자신의 아이디어에 상당한 자신감을 가지고 있으며 굉장한 달변입니다.

요미우리 자이언츠의 감독직에서 물러난 나가시마 시게오 (長嶋茂雄) 씨를 생각해보면 알 수 있듯이 그런 사람들에게는 화려한 면모가 있어 주위 사람들을 재미있게 해줍니다. 아이디어를 실현할 수 있는 자유로운 환경을 만들어주면 지칠 줄 모르고 정력적으로 능력을 발휘할 수 있는 사람입니다.

그렇지만 다른 사람의 의견이나 충고에는 귀를 기울일 줄 모릅니다. 특히 자신의 아이디어가 처음부터 묵살되면 상대에게 나쁜 감정을 품기 쉽습니다.

자신이 선두에 서서 일을 헤쳐나가는 것이 능숙한 사람이니까 그 특질을 잘 살려서 접근해 나가는 것이 중요합니다.

주의점
Attention!

① 상대의 입장이나 생각을 부정하는 언동을 삼갈 것. 특히 상대가 무언가 제안을 해 온 경우 처음부터 거절하는 것은 관계를 악화시킨다.

② 즐거움이나 분위기를 중시하는 성향을 인정하면서도 문제의 핵심에 시선을 돌릴 수 있도록 유도할 것.

③ 자칫하면 유아독존적인 사고에 빠지기 쉽다. 많은 사람을 통솔하는 프로젝트 등의 진행을 맡겨 전체와의 협력에서 오는 기쁨을 알게 한다.

④ 프로젝트를 시작할 때는 적극적이나, 시간이 지남에 따라 싫증을 내고 재미없어하는 경향이 있으므로 일을 지속시킬 수 있도록 도와주는 것이 필요하다.

3. 자신의 스타일에 맞춰 차근차근 일을 처리하는 아날라이저

사카이야 타이치(堺屋太一) 씨는 구통산성 출신으로 작가 활동을 거쳐 경제기획청 장관에 취임했습니다.

사카이야 타이치 씨는 장관 재임 당시, 국회 답변에서 복잡한 경제 용어와 숫자를 알기 쉬운 말로 설명해 전문가가 아닌 사람들도 이를 쉽게 알아들을 수 있도록 했습니다.

아날라이저 스타일은 사카이야 타이치 씨처럼 모든 일을 객관적으로 판단하며 결코 경솔하지 않고 신중하게 행동합니다. 그렇기 때문에 정보 수집·분석에 시간과 노력을 아끼지 않습니다.

빈틈이 없고 일을 끝까지 착실하게 마무리 짓는 노력가입니다만, 그것이 다른 사람의 눈에는 마이 페이스로 비춰지는 원인이 되기도 합니다.

연구자나 전문직에서 흔히 볼 수 있는 스타일로 합리적이지 않은 일과는 타협하지 않는 것이 보통입니다. 완고하다는 말을 듣기도 합니다만 이것은 성실하다는 말의 다른 면이기도 합니다. 커다란 변화나 혼란에는 즉시 대응하지 못하는 경우가 많습니다.

주의점
Attention!

① 방법론을 강요하지 말고 본인의 페이스를 존중해 줄 것.
② 겉으로 보기에는 인간미가 부족하게 느껴질지도 모르지만 그것은 일을 논리적으로 파악하려고 하는 경향의 표출. 겉으로 보여지는 인상 때문에 인간관계를 구축하는 데 애를 먹는다.
③ 자신의 일은 이야기하지 않으려는 경향이 강하다. 자신이 먼저 개인적인 이야기를 하려 한다면 당신을 신뢰하고 있다는 증거.
④ 기본적으로 커다란 변화를 좋아하지 않는다. 방침의 변경 등을 받아들이게 할 때 너무 강제로 하지 말 것. 받아들이게 하는 것이 아니고 이유를 설명해서 납득할 수 있도록 하는 것이 중요.

4. 다른 사람을 도와주는 데서 기쁨을 느끼는 서포터

이들은 남 모르게 다른 사람을 도와주는 일을 즐기며 협력관계를 매우 중요하게 여깁니다. 또 주위 사람의 기분 변화에도 굉장히 민감하며 가려운 곳을 긁어줄 줄도 아는 사람입니다.

부탁을 받으면 거절하지 못하는 이른바 '착한 사람'이 많으며 자신의 의사나 생각을 주위로부터 인정받으려고 하는 의지가 겉보기에는 잘 느껴지지 않습니다. '나'가 아닌 '우리'라는 생각으로 일에 임하기 때문에 조직에서 필요불가결한 인재입니다.

하지만 이런 스타일은 무의식중에 자신이 쏟은 애정이나 노력에 대한 보상을 바라는 경향이 있습니다. 상대로부터 인정을 받으면 더욱 많은 도움을 주기도 하지만 거절 당하거나 평가를 받지 못하는 상태가 오래 지속되면 경우에 따라서는 태도가 변하는 수도 있습니다.

주의점
Attention!

① 표면적으로 '착한 사람'인 경우가 많기 때문에 행동이나 장소의 분위기에 따른 본심을 알아준다.
② 본인은 좀처럼 '노'라고 말하지 못한다. 때로는 상대방의 요구를 거부하는 용기가 필요하다는 것을 이해시켜야 한다.
③ 자신의 의사를 제안하거나 요구할 수 있는 환경을 만들어줄 필

요가 있다. 자신의 기분을 솔직하게 표현하는 중요성도 이해시켜야 한다.

④ 이 부류의 사람들은 다른 부류의 사람들보다 평가나 인정을 받기를 원하고 있다. 마음에서 우러나오는 '고맙다' 라는 말 한마디가 커다란 격려가 된다. 보이지 않는 곳에서 착실하게 진행시킨 일을 인정해 준다.

지도라는 것은 기본적으로는 일 대 일로 행하는 커뮤니케이션입니다. 상대에 따라서 코치의 대응이 달라야 하기 때문에 상대에 대해 얼마나 아는가가 지도의 중요한 포인트가 됩니다.

각각의 사람에 따라 서로 다른 지도가 행해지는 것이 가장 이상적이겠지만 현실적으로는 '콘트롤러', '프로모터', '아날라이저', '서포터' 등의 네 가지 스타일의 특성을 염두에 두고 지도 방법에 대해 이해하는 것이 중요합니다. 그런 후에 여러 가지 지도법을 응용해서 상대방의 가능성을 끄집어내고 자발성을 자극할 수 있도록 노력해야만 합니다.

여기서 잠깐 각 스타일에 따른 지도법의 실제를 보고 넘어

갑시다. 부하가 상사에게 일의 진행 상태를 보고하는 장면으로, 좋은 예와 나쁜 예를 들었습니다. 그 차이를 잘 파악해 보십시오.

콘트롤러의 지도법 ✕ (나쁜 예)

부하 부장님, 부르셨습니까?

상사 요즘 거래처에 대한 영업은 어떻게 되어가고 있나?

부하 지난주 초에 기획안을 넘겨줬으니까 좀더 기다렸다가 거래처의 담당자를 슬쩍 떠보려고 하고 있습니다.

상사 거래처의 부장에게 느낌이 어땠는지 바로 물어봤어야 했던 것 아닌가? 뭔가 도움을 줄 수 있었을지도 모르잖나.

부하 거래처의 담당자가 결론이 떨어질 때까지 2주일 정도 기다려 달라고 해서…….

상사 그래도 팔짱을 끼고 앉아 구경하고 있는 것보다는 낫지 않겠나? 바로 담당자하고 연락을 해봐.

부하 아니, 지금 건드렸다가 오히려 역효과가 날 수도 있습니다.

> 상사 상황을 확인하고, '지금 도와드릴 일은 없습니까?' 라
> 고 물어보면 되잖아? 알았어?
> 부하 …… 알겠습니다.

이 대화 속에서 그 어떤 거부감도 느껴지지 않는다면 당신은 일상적으로 이 같은 대응을 하고 있을 가능성이 있습니다.

부하는 표면적으로는 상사의 말에 따르고 있습니다만 완전히 의욕을 잃었고 모티베이션이 저하되었다는 것을 알 수 있습니다.

그러면 지도의 기법을 사용한 경우는 어떨까요?

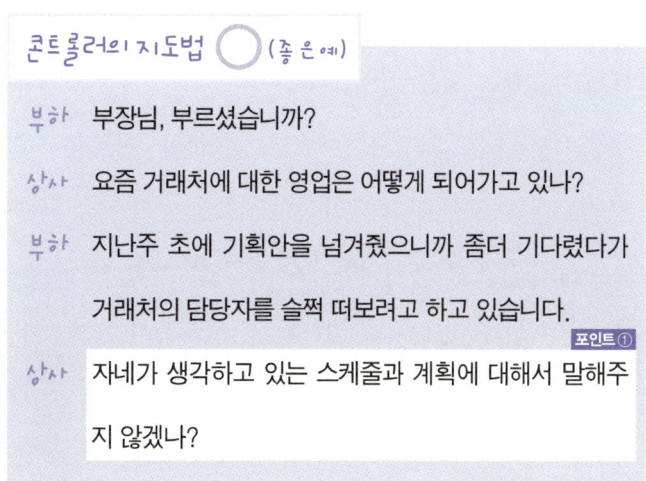

컨트롤러의 지도법 ○ (좋은 예)

> 부하 부장님, 부르셨습니까?
> 상사 요즘 거래처에 대한 영업은 어떻게 되어가고 있나?
> 부하 지난주 초에 기획안을 넘겨줬으니까 좀더 기다렸다가
> 거래처의 담당자를 슬쩍 떠보려고 하고 있습니다.
> 상사 자네가 생각하고 있는 스케줄과 계획에 대해서 말해주
> 지 않겠나?   포인트①

유능한 상사의 능력있는 부하 만들기···43

부하	이번 주 중으로 담당자와 연락을 해서 상황을 물어볼까 생각중입니다. 전체적으로는 문제가 없지만 나중에 미세한 부분의 수정작업이 필요해질 것 같습니다. 포인트②
상사	미세한 부분의 수정작업은 자네가 팀을 리드해서 해주길 바라네. 그럼 일은 언제부터 시작될 것으로 예상하고 있나?
부하	이번 분기 안으로는 시작될 것 같습니다. 포인트③
상사	부탁하네. 자네 생각대로 한 번 해 보게.
부하	예. 최선을 다하겠습니다.

콘트롤러를 상대할 때는 이쪽이 상사라고 하더라도 위압적인 태도로 접하는 것은 금물입니다.

자신의 생각대로 일을 진행시키고 싶어하는 콘트롤러에게는 포인트 ①의 질문과 같이 자신의 생각을 말할 기회를 주는 질문을 하지 않으면 안 됩니다.

그리고 포인트 ②에서는 '리드해서' 라는 말이 키워드가 됩니다.

'자신이 팀을 인솔해서 일을 진행한다' 콘트롤러가 자신의 능력을 최대한 발휘할 수 있는 상황입니다.

이 특성을 잘 살려서 적극적으로 행동하도록 독려하고 있는 것입니다.

포인트 ③에는 '자네에게 맡기면 나도 안심할 수 있다' 라는 메시지가 담겨져 있습니다.

상사가 부하의 콘트롤 능력을 인정하고 칭찬하는 결과가 되어 상사를 이해심 깊은 사람이라고 생각하고 힘을 다해서 일에 매진할 것입니다. 이른바 콘트롤러의 능력을 최대한 살린 지도라고 할 수 있을 것입니다.

프로모터의 지도법 ✕ (나쁜 예)

부하 　부장님, 부르셨습니까?

상사 　요즘 거래처에 대한 영업은 어떻게 되어가고 있나?

부하 　지난주 초에 기획안을 넘겨줬으니까 좀더 기다렸다가 거래처의 담당자를 슬쩍 떠보려고 하고 있습니다.

상사 　기획안이 승인될 가능성은 반반이라고 했었지? 이쪽에서 도와줄 일은 없나?

부하 글쎄요. 이번 주중에 담당자와 연락을 해서 상황을 확인하고 우리 쪽에서 제공할 수 있는 자료는 없을까 물어본다든지…….

상사 거래처에서 무언가를 필요로 한다면 모르겠지만 그렇지 않다면 그걸로 끝이지 않나?

부하 그것도 그렇기는 합니다만…….

상사 이쪽에서 먼저 들고 갈 수 있는 자료가 뭐 없을까?

부하 영업 2과에서 타사용(他社用)으로 만들어둔 시장 동향에 관한 레포트는 어떨까요?

상사 타사용 레포트를 건네주는 것에 무슨 의미가 있다는 거지? 그런 점도 생각해보고 말하는 건가?

부하 예, 당연하죠. 제 생각으로는…….

상사 자넨 마무리가 좋지 않단 말이야. 그래가지고는 딸 수 있는 일도 놓치고 말지 않나? 요전에도 그러지 않았나?

부하 그렇게 말씀하신다면 할 말은 없지만…….

프로모터는 독창적인 발상을 중요시하기 때문에 옆에서 보기에는 즉흥적이라고밖에 생각되지 않는 아이디어를 내는 경우도 있습니다.

이것이 정력적이고 경묘한 프로모터의 특질입니다만 그 아이디어를 부정함으로 해서 그 특성을 살릴 수 없게 되어 버리고 마는 결과를 낳았습니다.

특히 위의 예에서 상사는 과거의 문제까지 들먹이려 하고 있습니다. 프로모터는 과거에 연연하지 않습니다. 그렇기에 변화에 강하고 유연성이 있는 것입니다. 그렇기에 이렇게 추궁하는 듯한 질문은 프로모터의 모티베이션의 저하를 부를 뿐 아무런 효과도 기대할 수 없는 것입니다.

콘트롤러의 지도법 ◯ (좋은 예)

부하 부장님, 부르셨습니까?

상사 요즘 거래처에 대한 영업은 어떻게 되어가고 있나?

부하 지난주 초에 기획안을 넘겨줬으니까 좀더 기다렸다가 거래처의 담당자를 슬쩍 떠보려고 하고 있습니다.

상사 기획안이 승인될 가능성은 반반이라고 했었지? 이쪽에서 도와줄 일은 없나?

부하 글쎄요. 이번 주중으로 담당자와 연락을 해서 상황을 확

상사 : 인하고 우리 쪽에서 제공할 수 있는 자료는 없을까 물어 본다든지…….

포인트 ①
상사 : 그래, 결단을 위해서 무엇인가를 필요로 하고 있을지도 모르지. 지금 우리가 할 수 있는 일에는 어떤 것이 있지?

부하 : 영업 2과에서 타사용으로 만들어둔 시장 동향에 관한 레포트가 있는데 그것을 제출하면 어떻겠습니까?

포인트 ②
상사 : 괜찮겠는데. 그것을 제공하면 어떤 효과가 있으리라 예상되나?

부하 : 우리들의 제안이 지금의 시장 상황에 맞는 것이라는 것을 알게 될 것입니다.

포인트 ③
상사 : 그렇군. 한 번 시도해 보게. 하지만 그 전에 타사용으로 만들어진 것으로 효과가 있을지에 대해서 한 번 더 체크를 해봐 주게.

부하 : 네, 알겠습니다.

프로모터는 아이디어와 상상력이 풍부합니다. 이 플러스 요인을 억누르는 것이 아니고 질문을 함으로 해서 이끌어내도록 하는 장면이 포인트 ①. 원래 사교적이고 거칠 것 없는 스타일이기에 물 만난 고기처럼 자신의 생각을 이야기할 것입니다.

그렇게 해서 나온 아이디어에 어떻게 대처할 것인가? 상사의 경험이나 실적에 비춰본다면 짧은 생각이라고 느낄지도 모르겠습니다. 하지만 그것을 지적해서 의욕을 꺾는 것은 어리석은 책략. 그 생각에 대한 근거를 묻지 말고 포인트 ②처럼 인정하는 것이 오히려 효과적입니다. 이것을 지도에서는 '승인'이라고 합니다만 승인을 하는 방법은 지도의 성과를 좌우하는 중요한 기술이 됩니다.

포인트 ③에서는 자잘한 일에 구애 받지 않는 성격의 프로모터를 다잡고 있습니다. 처음부터 이런 말을 하면 제안을 부정하고 있다는 인상을 줄 수도 있기 때문에 프로모터의 기분을 상하게 할 수도 있습니다. 하지만 여기에서는 이미 승인을 했습니다. 따라서 프로모터는 자신이 인정을 받았다는 만족감과 일을 일임받았다는 사실 때문에 더욱 적극적인 자세로 일에 임할 것입니다.

아날라이저 지도법 ✕ (나쁜 예)

부하 부장님, 부르셨습니까?

상사 요즘 거래처에 대한 영업은 어떻게 되어가고 있나?

부하 지난주 초에 기획안을 넘겨줬으니까 좀더 기다렸다가 거래처의 담당자를 슬쩍 떠보려고 하고 있습니다.

상사 중간에 시간을 너무 많이 두지 않는 편이 좋지 않을까? 오늘쯤 전화를 해보는 게 어때?

부하 하지만 담당자가 결과를 알려면 2주일 정도 걸린다고 했는데요.

상사 그래도 상관 없잖아. 현재 상황만 알 수 있다면.

부하 네. 하지만······.

상사 하지만은 무슨 하지만. 지금 당장 물어보게!

아날라이저는 작은 실적들을 조금씩 쌓아가며 착실하게 전진해 나가는 스타일. 사전에 조사를 해서 일을 빈틈없이 수행할 자신을 가지고 있습니다. 그런데도 이 상사는 일방적으로 자신의 의견만을 강요하고 있습니다. 상사의 의견이 비논리적이기 때문에 아날라이저는 이에 조금도 승복하고 있지 않습니다.

　마지막에는 힐문조로 변해 있습니다. 업무 명령이니까 연락은 하겠지요. 하지만 자신이 그린 청사진이 무시됐기 때문에 일에 대한 열정은 완전히 식어 있습니다.

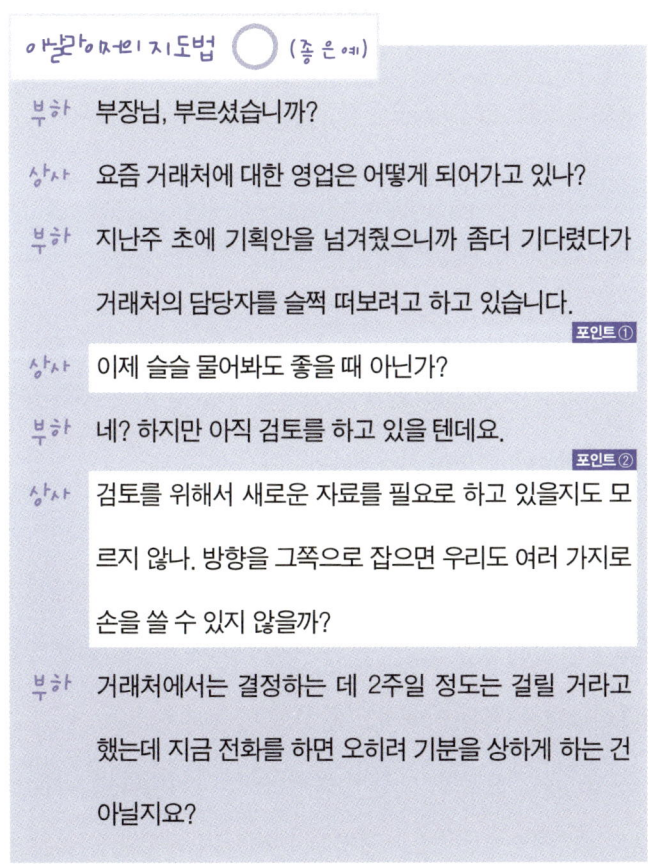

야단야단 지도법 ○ (좋은 예)

부하 : 부장님, 부르셨습니까?
상사 : 요즘 거래처에 대한 영업은 어떻게 되어가고 있나?
부하 : 지난주 초에 기획안을 넘겨줬으니까 좀더 기다렸다가 거래처의 담당자를 슬쩍 떠보려고 하고 있습니다.
　　　　　　　　　　　　　　　　　　　　　　포인트①
상사 : 이제 슬슬 물어봐도 좋을 때 아닌가?
부하 : 네? 하지만 아직 검토를 하고 있을 텐데요.
　　　　　　　　　　　　　　　　　　　　　　포인트②
상사 : 검토를 위해서 새로운 자료를 필요로 하고 있을지도 모르지 않나. 방향을 그쪽으로 잡으면 우리도 여러 가지로 손을 쓸 수 있지 않을까?
부하 : 거래처에서는 결정하는 데 2주일 정도는 걸릴 거라고 했는데 지금 전화를 하면 오히려 기분을 상하게 하는 건 아닐지요?

> **포인트 ③**
> 상사 '다른 필요한 자료가 있지 않을까 싶어서' 라고 미리 말한다면 호의적으로 받아들일 거야. 과거의 실적도 있고 거래처에서도 자네의 분석력을 굉장히 신뢰하고 있으니까.
>
> 부하 그렇습니까?
>
> **포인트 ④**
> 상사 그럼. 그리고 지금은 필요없다고 할지 몰라도 이후에 요청해 올지도 모르지 않나?
>
> 부하 알겠습니다. 바로 연락을 해보겠습니다.

일에 임하는 견실한 자세는 평가를 받고 있지만 상황의 변화에 유연하게 대처하지 못하는 것이 아날라이저의 특징.

포인트 ①에서는 상사가 상황의 변화를 넌지시 일러주고 있습니다. 여기서 부하는 당황하고 있지만 포인트 ②에서 그 이유를 명쾌하게 보여줌으로써 일을 객관적으로 판단하는 아날라이저의 특질을 억제하도록 하고 있습니다.

하지만 이것으로 부하가 승복한 것은 아닙니다. 그래서 상사는 논리적으로 과거의 실적을 들어가며 행동을 권하고 있는 것입니다. 또 포인트 ②에서와 같이 상대방에게 생각할 여유를 주지 않고 이유를 명시(포인트 ④), 논리적인 사고방식의 소유자인 아날라이저는 일이 이만큼 명확해지면, 그 다음은 특유의 냉정함을 발휘해 '지금은 움직여야 할 때'라는 것을 재빠르게 이해합니다.

> 서포터의 지도법 ✕ (나쁜 예)
>
> 부하: 부장님, 부르셨습니까?
>
> 상사: 요즘 거래처에 대한 영업은 어떻게 되어가고 있나?
>
> 부하: 지난주 초에 기획안을 넘겨줬으니까 좀더 기다렸다가 거래처의 담당자를 슬쩍 떠보려고 하고 있습니다.
>
> 상사: 이제 슬슬 상황을 물어보는 것이 좋지 않을까? 오늘 중으로 전화를 해보면 어떨까?
>
> 부하: 네? 네. 좋은 방법이라고 생각합니다.
>
> 상사: 다른 필요한 자료는 없는지 물어보는 것은 어떨까?
>
> 부하: 네, 저도 그러는 편이 좋겠다고 생각합니다.
>
> 상사: 좋아. 전화를 해보고 내일이라도 결과를 알려주게. 뒷일은 전부 맡길 테니까.

부하   …… 네, 알겠습니다.

협력심이 강하고 다른 사람과의 연대를 중요시하는 서포터는 그것이 본심이 아닐지라도 승낙해 버리는 경우가 많습니다. 행동으로 옮기기는 하겠지만, 자발성이 없는 것이라면 시키는 대로 할 뿐, 발전성은 기대할 수 없습니다.

중요한 것은 서포터의 말과 행동만을 그대로 받아들이는 것이 아니라, 말 이외의 표정, 말투, 분위기 등에서 본심을 읽어내야 한다는 것입니다.

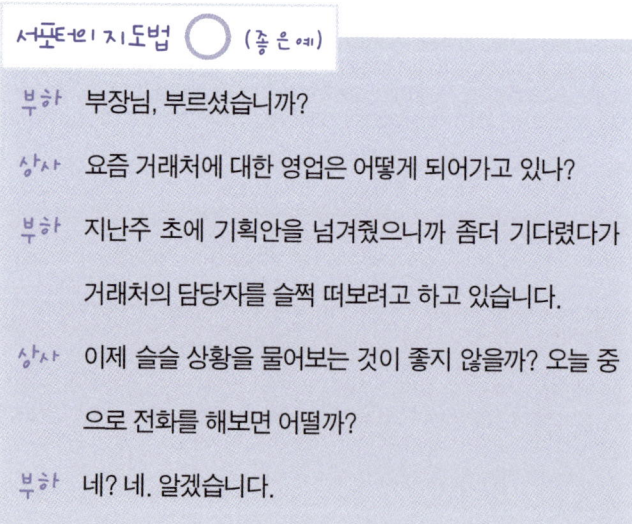

상사	왜 뭔가 걸리는 일이라도 있나? ^{포인트①}
부하	네, 거래처의 담당자가 결정될 때까지 2주일 정도는 걸릴 거라고 말했습니다.
상사	도중에 쓸데없이 귀찮게 할 필요 없다는 얘긴가? 확률이 반반이라면 뭔가 새로운 자료를 제출하는 것도 좋은 방법이 될지 모르겠군. 뭐 좋은 제안 없나? ^{포인트②}
부하	글쎄요. 전화를 하지 말고 이메일을 보낸다면 거래처에서도 거부감이 없이 받아들일지도 모르겠습니다.
상사	그렇군. 답신이 오면 알려주게. 그리고 무슨 일이 있으면 언제라도 찾아오게. ^{포인트③}

　서포터를 대할 때는 일을 너무 강력하게 추진시키려고만 하지 말고 한 번쯤 말을 돌려 상대의 진심을 확인하는 것이 중요합니다.

　부하가 머뭇거리며 대답할 때 상대의 변화를 감지한 뒤, 포인트 ①에서는 부하가 제안이나 요구를 쉽게 하도록 교두보 형식의 질문을 하고 있습니다.

그리고 한 발 더 나아가서 서포터의 적극성을 끌어내기 위한 것이 포인트 ②의 질문. 의견을 편안하게 말할 수 있는 분위기를 만들어 주고, 협력성을 중시한 나머지 남의 의견에 휘둘리기 쉬운 상대로부터 자발적인 발언을 끌어내는 것에도 성공했습니다.

포인트 ③에서는 '언제라도 찾아오게'라고 말함으로 해서, '자네의 일을 방관하고 있지만은 않을 걸세, 끊임없이 대화를 나눌 걸세'라는 뜻을 전하고 있습니다. 다른 사람과의 관계를 중시하는 서포터가 안심할 수 있도록 하는 것이 이 상황에서 가장 중요한 포인트입니다.

2장

질문하는 방법 하나로도
부하의 의식은 크게 변한다

가르침에 능숙한 상사일수록
독창성 없는 부하를 만든다

한 출판사의 예입니다. 그곳의 잡지 편집부에서는 기획에 대해 아무것도 모르는 신입 사원이 들어오면 교육을 담당하는 중견 편집자 한 명이 붙어 여러 가지 실무를 자세하고 친절하게 가르쳐 주는 것이 관례로 되어 있다고 합니다. 기획을 세우는 방법, 취재 약속을 하는 방법, 취재 방법, 편집의 노하우……. 배워야 할 일은 끝도 없습니다.

신입 사원에게 있어 어떤 선배가 담당을 할 것인가 하는 것은 커다란 문제입니다. 모두가 정성스럽고 친절하게 일을 가르쳐 주는 사람을 원하지만, 실은 이런 스타일의 교육담당자에게 일을 배운 사람이 대변신을 하는 경우는 드뭅니다.

대변신이란 처음 '도토리 키재기' 와도 같은 상황에서 마치 곤충이 탈피하듯 자신의 능력을 한꺼번에 꽃피우는 것을 말합니다. 가르침에 능숙한 상사는 부하를 빠른 시간 안에 한 사람의 편집인으로 만들기는 하겠지만 그것은 매뉴얼을 주입시킨 것과 같은 것. 그 이후로는 성장이 멈춰버리는 경향이 있다는 것은 일반 회사에서도 그대로 적용되는 얘기가 아닐까요?

예를 들자면 가르침에 능숙한 상사가 이해력이 뛰어난 부하를 가르쳤을 때 만들어지는 것은 성능이 매우 뛰어난 컴퓨터와도 같은 것입니다. 초고속 CPU에 대용량 메모리를 장착한 컴퓨터는 처리 능력은 확실히 뛰어나지만 결국 이것은 명령 받은 일을 신속하게 처리하는 것에 지나지 않습니다.

하지만 단골 술집은 가르쳐 주면서 실무에 대해서는 아무것도 가르쳐주지 않는 상사도 이 세상에는 있습니다. 이런 상사에게 배우는 부하의 당혹스러움은 상상하고도 남는 것입니다.

"선배님, 슬슬 거래처와 연락을 해서 일정을 맞춰야 하는 것 아닙니까?"

"왜?"

"혹시 납품을 해야 하는 거라면 공장과도 스케줄을 맞춰야 하고, 시간이 없을 것 같은데요."

"그럼 연락하면 되잖아."

"그럼이라니, 그런 무책임한……."

"자네가 할 수 있는 일이 있다면 자유롭게 하면 되는 거야. 나하고 일일이 상담할 필요 없어."

"그럼 연락하겠습니다. 괜찮지요?"

"그래, 부탁하네."

정말로 불친절한 선배지만 좀 다른 시각으로 바라본다면 불완전하기는 하지만 부하의 자발성을 이끌어내고 있다고 말할 수 있을지도 모르겠습니다.

먼저 주목해주기 바라는 것은 어떤 식의 커뮤니케이션이 성립되었나 하는 점입니다.

물론 대부분의 사람은 부하와 일상적으로 커뮤니케이션을 행하고 있을 것입니다. 하지만 그것을 참된 의미에서의 커뮤니케이션이라고 할 수 있을까요?

예를 들어 다음과 같은 경우는 어떨까요?

상사	오늘은 좀 어때?	①
부하	별로 좋지 않은데요.	②
상사	좀더 힘을 내줘.	③
부하	네, 노력은 하고 있지만…….	④
상사	그럼 조금만 더 노력해 봐.	⑤

그다지 특별하지도 않은, 어디에서나 흔히 있을 법한 대화이지만 혹시 이것으로 부하와 커뮤니케이션을 행했다고 생각한다면 그것은 커다란 착각입니다. 솔직히 말하자면 위의 경우를 가지고 커뮤니케이션이 성립되었다고는 말할 수 없습니다.

상사의 물음 ①에 대해 부하가 ②로 받은 것으로 커뮤니케이션은 시작됩니다. 하지만 상사의 ③을 과연 적절한 대답이라고 할 수 있을까요?

몸의 상태가 좋지 않은 것인지, 일이 제대로 풀리지 않고 있는 것인지 아니면 다른 문제가 있는 것인지에 대한 확인도 없이 이야기를 진행시키고 있습니다.

커뮤니케이션은 캐치볼과도 같은 것입니다.

서로가 하나의 공을 던져서 의사 소통을 꾀하는 것이라 할 수 있는데, 위의 예에서는 결과적으로 상사는 부하가 던진 공을 받아주질 않은 것입니다.

그렇기 때문에 부하는 ④와 같은 애매한 말로 대답할 수밖에 없고, 상사는 ⑤로 ④의 발언을 묵살하고 있는 것입니다. 이래서는 서로간의 골만 깊어져갈 뿐입니다.

마음의 문을 여는 '페이싱' 테크닉

인간은 기본적으로 방어 본능을 가지고 있습니다. 처음 보는 사람이 갑자기 말을 걸어오면 누구라도 당황할 것입니다. 경계심을 가지고 마음의 문을 닫아버립니다. 그것은 친한 관계라해도 크게 다르지 않을 것입니다.

친구간이나 부부간 또 부모와 자식간이라 해도 마음의 문은 닫히기 쉬우며, 표면적인 커뮤니케이션으로 일관하는 경우도 그리 드문 일이 아닙니다.

결국 커뮤니케이션의 첫 단계에서는 질문을 통해 무엇인가를 이끌어내려는 것보다는 상대와 친밀감이나 신뢰감을 높이는 것이 중요합니다.

지도에서는 상대에 대한 친밀감이나 신뢰감을 라포(Raport)라고 합니다. 그리고 라포를 높이기 위한 스킬이 '페이싱(Pacing)' 입니다.

페이싱이란 말 그대로 상대에게 맞추는 것으로 상대의 방어를 풀게 하고 굳어진 마음의 문을 열게 하는 첫걸음이라고 할 수 있을 것입니다.

예를 들자면 이런 대화가 있습니다

"자네, 프로야구는 어느 팀을 응원하지?"
"네? 자이안츠인데요? 왜 그러시죠?"
"나는 베이스타즈를 응원하는데. 올해 자이안츠는 너무 아까웠단 말이야. 틀림없이 우승할 거라고 생각하고 있었는데."
"네? 정말 그렇게 생각하십니까? 역시 자이안츠는 올해……."

이것이 페이싱의 한 가지 예입니다. 좋아하는 구단은 다르지만 상대에게 맞춰 자이안츠에 대한 이야기쪽으로 방향을 설정합니다. 다시 말하자면 상대와 공통의 관심사에 대해 이야기할 수 있는 환경을 만든 것으로 상대와의 접점을 찾은 결과가 됩니다.

일반적으로는 회사에서 상대에 맞는 이야기를 찾으려고 하는 것은 부하이지만 상사가 페이싱을 행한다면 어떨까요? 그 상사와 이야기를 하고 있으면 왠지 즐거워진다, 그렇게 느낄 것입니다. 이것이 바로 부하가 상사에 대해서 라포를 품게 된 증거라고 할 수 있습니다.

'질문' 한다고 하면서
'힐문' 하고 있지는 않습니까

당신이 부하에게 한 가지 일을 명령했다고 합시다. 기한은 2주일. 2주일 후, 부하에게 물어보기로 했습니다.

> 상사   자네, 전에 말한 판촉 활동 건은 어떻게 돼가고 있나? 아직 보고가 없는데.
>
> 부하   실은, 거래처와의 협의가 좀 늦어져서·······.
>
> 상사   뭐? 아직도 협의중이란 말이야. 빨리 협의를 마치고 판

촉 활동 부대를 투입할 수 있도록 하는 것이 자네의 일 아닌가? 그렇지 않나?

부하 그건 알고 있습니다. 하지만······.

상사 하지만, 뭐지? 예정한 대로 일이 진행되지 않고 있잖나.

부하 말씀하신 대로입니다. 하지만 거래처에도 이유는 있습니다. C사의 신제품 판촉 활동과 씨름을 하고 있습니다. 우리 제품을 선전하는 것보다는 신제품에 더 매력을 느끼고 있기 때문에 난색을 표명하고 있습니다.

상사 C사의 동향은 사내에서도 전부 알고 있는 일이네. 새삼스럽게 얘기할 필요도 없는 사실이야. 어째서 그에 대한 대책을 마련하지 않았지?

부하 물론 판촉 상품에 대한 재고도 있었고, 판매점에도 좀더 공격적으로 움직일 것을 요구하고 있습니다.

상사 문제는 그게 아니란 말이야. 할 수 있느냐 없느냐야. 그렇지 않나?

부하 말씀하신 대로입니다. 하지만······.

상사 그럼 부탁하겠네. 5시까지는 보고서를 내 주게.

부하 네?

이 대화에서 주도권을 쥐고 있는 것은 상사이지만 문제를 해결하려는 자세는 전혀 보이질 않습니다.

'질문'을 던지는 것이 아니고 실은 '힐문'하고 있기 때문입니다.

힐문은 강한 어조로 상대를 몰아붙일 뿐, 자발성을 촉발시킨다는 사고방식과는 정반대의 것입니다. 힐문 당하는 쪽은 틀림없이 책망 받고 있다고 생각할 것입니다. 거기서 끄집어낼 수 있는 것이라고는 변명일 뿐입니다.

이 예를 보면 누구라도 상사의 대화법에 문제가 있다고 생각하겠지만 실은 많은 사람들이 자신도 모르는 사이에 질문이 아닌 힐문을 하고 있다는 사실은 깨닫지 못합니다.

당신이 부하에게 질문을 하고 있는 장면을 상상해 보십시오. 예를 들어, 지각한 부하를 앞에 두고 처음으로 던지는 말은 무엇입니까? 아마도 '왜 늦었지?'라는 말일 것입니다.

이 '왜'라는 말은 상대를 추궁할 때 상당히 많이 쓰고 있는 말입니다.

'왜 계약을 하지 못했나?', '왜 제대로 처리하지 못했나?', '왜 이렇게 늦는 건가?', '왜(어떻게) 이런 숫자가 나온 거지?' ……라는 식으로.

　이 '왜' 라는 말은 대부분의 경우 나쁜 결과, 부정적인 요소에 대해 질문할 때 쓰이고 있습니다.

　그렇기 때문에 듣는 사람은 '죄송합니다' 라고 먼저 사과를 하지 않으면 안 되는 것입니다.

　그렇다면 이는 상대를 위축시키고 마음의 문을 굳게 닫아 버리게 할 뿐입니다.

　지도에서는 어떤 문제가 일어났을 경우에도 그 문제점을 스스로 파악하게 하고 해결의 실마리를 찾아낼 수 있도록 질문해야만 합니다.

　'왜 목표 달성을 하지 못했습니까?' 라고 하는 것이 아니라, '구체적으로 목표 달성에 방해가 됐던 것은 무엇이었지요?' 라고 질문해야 합니다.

　'왜' 라는 말 대신에 '무엇' 이라는 말로 지도를 행하면 대화는 부정적인 인상에서 긍정적인 인상, 적극적인 인상으로 확실하게 변할 것입니다.

　한 예로, 질책을 받아야 마땅할 상황에서조차도 부하의 자발성을 끌어내는 일도 있습니다.

부하 지금 보고 계신 것이 이번 달의 예상 실적입니다.

상사 이대로라면 이번 달의 달성률은 80%밖에 되질 않는군. 어떻게 하면 좋을지 함께 생각해보고 싶은데, 먼저 자네의 의견을 말해 줄 수 있겠나?

부하 판매점에서 타사 제품 판매에 신경을 쓰고 있는 것이 가장 큰 원인이라고 생각합니다.

상사 거기서는 우리 상품의 주문이 꽤 많았었잖아? 그런데 왜 타사 제품 판매에 힘을 쏟게 되었다고 생각하나?

부하 판매점의 주요 고객이 우리 제품에서 타사 제품으로 상품을 바꾼 것이 가장 큰 원인이라고 생각합니다. 고객의 동향에 따라 영업 전략을 바꾸고 있으니까요.

상사 그렇다면 판매점의 관심을 다시 한 번 우리 쪽으로 돌릴 수 있는 최선의 방법은 무엇이라고 생각하나?

부하 지금까지는 판매점만을 움직이게 해왔습니다만 지금부터는 사용자에게 직접 판촉 활동을 해야 될 것 같습니다. 판매점도 결국은 그 결과에 따라서 움직일 테니까요.

상사 　그래. 나도 같은 생각을 하고 있었네. 하지만 우리가 직접 사용자와 접촉한다면 판매점에서 어떻게 생각할 것 같나?

부하 　아무 말 없이 영업 활동을 하는 것은 좋지 않을 것입니다. 사용자와 어떤 식으로 접촉하면 좋을지 판매점과 상담해보는 것은 어떻습니까?

상사 　판매점과의 관계가 오히려 좋아질지도 모르겠군. 좋았어, 한 번 그렇게 해보자구.

부하 　네, 저도 그렇게 해보고 싶습니다.

상사 　언제쯤이면 판매점과의 이야기를 모두 마무리지을 수 있겠나?

부하 　한 일 주일, 한 바퀴 돌며 이야기해 보겠습니다.

상사 　아직 상대의 반응을 알 수 없으니 각 건마다 보고를 해 주지 않겠나? 그 결과를 보고 다시 함께 전략을 세워 보세.

부하 　알겠습니다.

이 대화 속에서 상사는 단 한 번도 자신의 의견을 강요하지 않았다는 점에 주목했으면 합니다.

또 '왜'라는 말을 전혀 사용하지 않았음에도 부하는 스스로 문제 해결 방안을 제안했고 마지막에는 어떻게 행동할 것인가에 대한 결론까지도 내리고 있습니다.

또한 상사의 말 속에는 '왜'라는 말로 바꿀 수 있는 장면이 있었는데 그것은 어디였을까요.

평소에 자신이 부하와 접할 때의 상황을 생각해 본다면 그 차이가 명확해질 것입니다.

상대방이 '이야기를 듣게' 하는 방법

우리들은 프로 지도자로 고용되어 고객을 위해서 최선의 노력을 다합니다. 상대는 코치의 존재를 인정하며, 지금 자신이 가지고 있는 문제를 해결하고 목표를 달성하기 위해 적극적인 마음 자세를 가지고 있습니다.

언제나 이런 상태에서 지도가 이루어진다면 아무런 문제도 없을 것입니다. 하지만 당신이 지도를 하려고 할 때, 언제나 상대가 지도를 받아들일 준비가 되어 있는 것은 아닙니다. 당신이 하는 질문에 무관심하거나 당신에 대해 그 어떤 라포도

가지고 있지 않을지도 모릅니다.

예를 들어서 '기분은 어떠세요?' 라고 물었을 때 '그다지 좋지 않은데요' 라고 대답했다고 합시다. 그 다음 질문에 대해서 이것저것 생각해 봅니다. '무슨 일이 있었습니까?', '너무 무리하지 마세요' 등 상대를 생각해서 말을 하려고 합니다.

하지만 상대는 '기분이 별로 좋지 않으니까 그냥 내버려 둬' 라고 생각하고 있습니다. 마음의 문을 굳게 닫아 걸고 있는 상태입니다. 지도에 있어서 최대의 무기는 질문인데 이 상태에서는 아무런 방법도 없는 것일까요? 그것을 생각하는 것이 참된 의미에서 지도의 시작이라고 할 수 있습니다.

사람은 누구나 자신의 존재를 인정받기 원합니다. 지금 자신의 감정에 공감해 주기를 바라기도 합니다.

그것을 생각하지 않은 채 질문을 하려고 한다면 상대방은 그것을 거부해 버리고 말 것입니다.

'지금 하고 있는 일을 통해 무엇을 실현하고 싶으십니까?', '장래의 꿈은 무엇입니까?' 라고 물어도 일방통행으로 끝나 버리고 맙니다.

지도에서는 상대의 존재를 받아들이는 상태를 '리셉터

(Receptor, 수신장치)가 열려 있다'고 말합니다.

반대로 상대를 받아들이지 않는 상태를 '리셉터가 닫혀 있다'고 말하는데 그 어떤 말을 들어도 마음으로 아무것도 느낄 수 없는 상태를 말합니다.

만일 당신이 지도를 행할 경우 어떻게 상대의 리셉터를 열게 할 것입니까? 이것이 포인트가 되는데 그 중에서도 가장 중요한 것은 상대에 대한 신뢰라고 할 수 있습니다.

제2 금융 회사에 근무하고 있는 T지점장이 지도법을 배우기로 했습니다. 그 이유를 물었더니 부하가 자발적으로 발언하고 스스로 움직여주는 활성화된 지점을 만들고 싶었기 때문이라고 합니다.

현재는 T지점장이 모든 지시를 내리고 부하에게 명령하는 100% 수직관계(Top-down). 미팅이 있다고 하기에 물어보니 '이야기하는 것은 저 혼자뿐입니다. 목표를 제시하고 이 스케줄에 맞춰 행동해 주길 바란다고 전달하면 끝입니다.'

이 방법으로도 성적은 올릴 수 있습니다. 하지만 결국은 막다른 곳에 이르고 말 것입니다. 그래서 부하의 주체성을 끌어내기 위해 지도법을 배우려고 하는 것이었습니다. 제가 물었습니다.

"자, 어떻게 하면 좋겠습니까?"

T지점장은 잠깐 사이를 둔 뒤 이렇게 말했습니다.

"글쎄요. 누군가가 말을 할 때까지 기다릴 수밖에 없지 않을까요?"

"그것을 미팅 때 시험해보면 어떻겠습니까?"

"알겠습니다. 한 번 해보죠."

라고 약속한 T지점장에게 일 주일 뒤에 물었습니다. 결과는 아무런 성과도 없었다는 것입니다.

"한 30초 정도는 아무 말도 하지 않고 기다리고 있었지만 도저히 견딜 수가 없어서 제가 먼저 말을 해버리고 말았습니다. 그 다음부터는 이전과 조금도 다름이 없었습니다. 부하들은 고개를 숙이고 앉아 아무 말 없이 듣고 있을 뿐입니다."

부하를 거느리고 있는 사람이라면 이런 기분을 잘 알고 있을 것입니다. 현장에서 실적을 쌓아왔고 경험도 풍부한 상사가 목표를 설정해 놓고 부하들을 그에 따르게 한다면 빠르고 효율적으로 일을 처리할 수 있습니다. 하지만 그 방법에 한계를 느꼈기 때문에 개혁이 필요하다는 생각이 싹튼 것입니다.

그러나 상사로서의 습관은 좀처럼 바꿀 수가 없었던 듯합니다.

이와 같은 상태가 거의 1개월 가까이 계속되었다고 합니다. 그런데 부하 한 명이 드디어 미팅에서 발언을 했다고 합니다. 굉장한 발전이라고 생각했습니다만

"변변찮은 의견이었기에 그 자리에서 바로 '그건 좋지 않아' 라고 말하고 다시 제가 이야기해 버렸습니다."

"그래도 그것은 굉장한 발전입니다. 지금 생각하시기에 그때 더 적절한 말이 있었다고는 생각하시지 않으십니까?"

"간만에 발언을 했는데 그 사실만이라도 칭찬해 줄 걸 그랬나?"

"그럼 다음에는 그렇게 해 보십시오."

다음에 다른 사람이 발언을 했지만 T지점장은 좀 쑥스러운 생각이 들어 그 자리에서는 칭찬을 해주지 못했습니다. 하지만 나중에 따로 부하를 불러

"그때 자네가 발언을 해 줘서 많은 도움이 됐다네. 고마워."

라고 말했다고 합니다.

지도를 시작한 지 2개월 반쯤 지나자 지점의 미팅은 활기에

넘쳐 흐르게 되었다고 합니다. 어느 날 T지점장은 한 프로젝트에 대한 의견을 들었을 때의 일을 말했습니다.

"정말 놀랐습니다. 가장 나이 어린 사원이 저와 같은 생각을 말하는 것입니다. '그럼 자네에게 맡길 테니 한 번 해보게'라고 일을 맡기자. 제 지시로 일을 할 때보다 세 배 정도 빨리 일을 진행하는 것이었습니다."

T지점장은 이런 부하의 변화에 기쁨을 감추지 못했습니다. 자발적으로 일을 해 나가는 것의 진정한 의미를 스스로가 경험하게 된 것입니다.

지도란 상대가 가지고 있는 답이나 능력을 이끌어내는 작업입니다. '과연 상대에게 그런 능력이 있을까……?'식의 조그만 의문이라도 품고 있다면 어떻게 지도가 가능할 수 있겠습니까?

코치였던 저는 T지점장의 '직장 활성화' 의지에 조금의 의문도 품지 않았습니다. 상대를 신뢰하고 참을성 있게 접근하기 시작하자 그 기대를 저버리지 않고 부하는 자주성을 발휘하기 시작한 것입니다.

상대방에게 어떤 식으로든 말을 시키려 할 때, 그 뿌리에 신뢰가 없으면 그 자리에서 끝나고 마는 의미 없는 대화가 돼버리고 맙니다. 구체적인 스킬을 갈고 닦는 것도 중요하지만 당신은 어떤 기분으로 상대에게 질문을 하고 있습니까? 그것에 따라 상대가 받는 인상은 전혀 다른 것이 되는 것입니다.

사람을 움직이게 하는
'액티브 리스닝'의 기본 스킬

업무상의 고민을 밝히는데 상대방이 내 얘기를 열심히 듣고 있지 않은 듯한 느낌이 든다면 어떨까요? 말할 의욕을 잃든지, 계속해서 이야기를 한다고 해도 고통이 따를 것입니다.

듣는다는 행위는 수동적인 작업으로 생각되기 쉽지만 결코 그렇지 않습니다. 듣는다는 행위는 이쪽에서 상대를 향해 접근해 가는 매우 능동적인 작업인 것입니다. 상대의 입장에 서서 이야기를 듣고 적절하게 대화의 캐치볼을 행해야 하며, 그렇게 함으로써 말하는 사람은 자신의 존재를 인정받고 있다고 생각하게 됩니다. 그리고 안심을 하게 됩니다. 이것이 바로 '액티브 리스닝(Active listening)' 입니다.

액티브 리스닝을 행하기 위해서는 꼭 기억해 두어야만 할 기본적인 스킬이 있습니다.

1. 리프레인(Refrain, 같은 말을 반복하는 것)을 활용한다

일상적으로 주고받는 대화 중에는 이러한 것이 있습니다.

상사	오늘 컨디션은 어떤가?
부하	그렇게 좋지는 않습니다.
상사	그건 평소에 영양이 좋지 않기 때문이야. ①
부하	그럴 리가 있겠습니까? 연일 계속되는 야근 때문이겠죠.
상사	그런 소리 하지 말고 얼른 거래처나 한 바퀴 돌고 와.
부하	알고 있습니다. 지금 막 나가려고 하고 있었습니다.

부하의 마음은 불만으로 가득 차 있습니다. 이대로 영업을 나가서 어떤 성과를 올릴 수 있을까, 상사는 그것을 생각하고 있질 않습니다. 그리고 실제로도 이와 같은 대화로 부하의 모티베이션을 저하시키는 경우가 흔히 있습니다.

같은 상황에서 ①과 같은 대답을 이렇게 바꿔보면 어떨까요?

> 상사 오늘 컨디션은 어떤가?
> 부하 그렇게 좋지는 않습니다.
> 상사 그래? 별로 좋지 않은가?

같은 말을 반복할 뿐이지만 의미가 전혀 달라집니다. 처음 상사가 던진 질문을 부하가 받고 그 말을 다시 상사가 받고 있습니다. 즉, 대화의 캐치볼이 성립되고 있는 것입니다.

단순히 같은 말을 반복하는 것이 아니라 상대의 말에 공감하고 있다는 것을 나타냄으로써 부하는 상사가 자신을 이해해 주고 있다고 안심하게 됩니다. 앞의 예 ①에서 상사는 위압적인 자세로 일방적인 견해를 단정적으로 말하고 있습니다.

이에 대해 부하는 반론할 수밖에 없습니다. 말이라는 공이 양자간을 매끄럽게 오가지 못하고 있다는 것을 잘 알 수 있습니다.

그런데 상대의 말을 반복하는 것으로 부하는 자신이 한 말을 상사가 이해했다고 생각하고, 반론이 아닌 스스로 이유를 말할 찬스를 얻게 되는 것입니다.

> 상사 오늘 컨디션은 어떤가?
> 부하 별로 좋지는 않습니다.
> 상사 그래? 별로 좋지 않은가?
> 부하 네, 요즘 계속 야근을 하고 있는데 판촉 활동도 곧 시작되기 때문에 일찍 출근하고 있습니다.
> 상사 계속되는 야근에 이른 출근이라. 뭔가 방법을 생각해 봐야겠는데.
> 부하 시간을 좀더 잘 배분해야 한다고 생각하고 있습니다만…….
> 상사 구체적으로 어떻게 하면 되겠나?
> 부하 예를 들자면…….

같은 말을 반복함으로 해서 공감대를 형성해 상대가 안도감을 느끼게 합니다. 그렇게 하면 대화가 매끄럽게 전개되어 문제의 해결을 향해 한발 한발 전진해 나갈 수 있게 되는 것입니다. '일이 잘 풀리지 않는다', '피곤하다' 라고 말하는 상대에게 '그래도 좀더 힘을 내게' 라는 말을 해서는 아무런 도움도 되질 않습니다.

2. 접속사를 효과적으로 사용한다

일을 마치고 집으로 돌아와 편히 쉬고 싶은데 아이가 다가옵니다. '아빠, 오늘 학교에서……' 아이는 자신의 말을 들어 달라는 듯 열심히 이야기합니다.

하지만 피곤할 때면 자신도 모르게 이렇게 말하곤 하지 않습니까?

"알았으니까 저리 가. 나중에 얘기하자."

이래가지고는 부모·자식간의 커뮤니케이션은 엉망이 되어버리고 맙니다. 이야기할 기회를 빼앗긴 아이는 아버지에 대해 소외감을 느낄지도 모릅니다.

인간은 누구나가 자신을 알아 주기를 바라고 있습니다. 달변인 사람도 눌변인 사람도 그 기분은 마찬가지입니다. 하지만 회사에서는 주체적으로 이야기할 기회를 좀처럼 얻기 힙듭니다. 만약 당신이 부하의 말에 귀를 기울이지 않는다면 부하는 당신의 아이와 같이 가슴속에 불만을 품게 될 가능성이 있습니다.

상대방의 이야기를 끌어내는 데 중요한 열쇠와 같은 역할을 하는 것이 접속사의 활용입니다.

"그래서 자네는 어떻게 생각하고 있나?", "그리고 저쪽은 어떤 움직임을 보이고 있지?", "그건 그렇고 의뢰인 쪽에서는 요즘 무슨 말을 하고 있나?"

이렇게 접속사를 통해 상대방의 이야기를 받아들이고 있다는 느낌을 전달함으로써 상대가 더 많은 발언을 하도록 만들 수 있는 것입니다.

3. 목소리의 톤이 대화를 즐겁게 한다

우리들 코치는 전화로도 지도를 행합니다. 약속된 날의 약속된 시간에 의뢰자로부터 전화가 걸려옵니다. 중요한 것은 첫마디. '오래 기다리셨습니다' 라고 명랑한 목소리로 상대를 맞아들입니다.

그것은 실제 얼굴을 맞대고 지도를 행할 때도 같습니다. '오랜만입니다', '안녕하십니까?', '요즘은 어떻게 지내십니까?' 라는 등의 일상적인 말들에서 목소리의 톤, 음량을 조절하면 밝고 긍정적인 인상을 상대에게 심어 줄 수 있습니다.

예를 들어 상사인 당신은 집안 문제로 고민을 하고 있습니다. 그 기분을 떨치지 못한 채로 출근해 늘 하던 대로 인사를 했습니다.

하지만 부하는 그 목소리에서 미묘한 톤의 변화를 느끼고 '오늘은 과장님과 상담을 하지 않는 편이 좋겠다' 라든지 '오늘은 신경을 건드리면 안 되겠다' 라고 경계를 하게 됩니다.

그만큼 감정은 목소리에 나타나는 것이고, 상대는 그 목소리의 톤으로 상대의 기분을 알아차리게 됩니다.

중요한 용건, 중요한 이야기일수록 목소리에 최대한으로 주의를 다할 필요가 있습니다. 좋은 표정, 좋은 목소리, 좋은 질문. 이 세 가지가 다 갖춰져야만 상대가 쓸데없는 걱정을 하지 않고 자신의 생각을 말하고 자주적으로 행동을 하려고 생각하게 된다는 것을 잊어서는 안 됩니다.

4. 피드백(Feedback)을 통해 의식을 바꾼다

　피드백이란 원래는 출력 신호의 일부를 다시 입력 장치로 돌려보내 출력을 제어한다는 전기 용어이지만, 어떤 언동에 의해 나타난 결과를 다음 의사 결정에 참고한다는 의미로 폭넓게 쓰이고 있는 말입니다.

　지도법에서는 코치가 상대로부터 느낀 점이나 알게 된 점을 전달하는 스킬을 말합니다.

상사　이대로라면 매상이 목표액을 밑돌 가능성이 있는데. 자네는 어떻게 생각하나?

부하　현재대로라면 좀 위험할지도 모르겠습니다. 하지만 판매원들이 모두 하나가 되어 노력하고 있으니까, 기대치에 어긋나지 않을지도…….

상사　구체적으로는 어떤 방법을 생각하고 있지?

부하　목표의 세분화입니다. 전체적으로 잡은 목표를 한 사람 한 사람에게 분배해 각자가 지금보다 25% 향상시키도록 할 계획입니다.

상사　그래? 그런데 자네는 좀 힘들다는 듯이 이야기를 하고

> 있는 것 같은데. 마치 적진에 홀로 뛰어든 장수처럼 비장함까지 느껴지는데.
>
> **부하** 네? 그렇게 보입니까? 그렇군요…….

이 대화에서 상사의 '힘들다는 듯이 이야기를 하고 있는 것 같은데', '비장함까지 느껴지는데'라는 말이 피드백에 해당합니다.

부하는 문제를 타개하기 위해 열심히 설명하고 있습니다. 하지만 그것이 상대인 상사에게 어떻게 받아들여지고 있는지는 알 수가 없습니다.

그 부분을 부하에게 되돌리는 것이 피드백입니다. 상사인 당신이 느낀 주관적인 감상을 솔직하게 '이렇게 생각한다', '이렇게 느껴지는데'라고 말합니다. 그렇게 하면 부하는 자신이 무리한 생각을 하고 있을지도 모른다, 라며 일을 처음부터 다시 되돌아볼 수 있게 되는 것입니다.

잠깐 멈춰서서 스스로 생각해 보는 기회. 그 기회를 제공하는 피드백이 없다면, 실현 가능성을 타진해 볼 시간도 없이 죽을 각오로 단지 앞을 향해 나갈지도 모릅니다. 상황에 맞는 최선의 방법을 모색하는 것은 비즈니스의 철칙입니다. 이래서는 아무것도 되질 않습니다.

　피드백을 통해 부하에게 문제 의식을 갖게 하면 새로운 방법을 찾아내는 것도 가능해집니다.

부하　네? 그렇게 보입니까? 그렇군요…….

상사　여기서 잠깐 문제를 정리해 볼까? 자네는 무엇이 목표 달성의 장애물이라고 생각하나?

부하　네, 가장 큰 이유는 신제품이 곧 나올 시기였다는 점입니다. 생각했던 것보다 소비 억제 경향이 강했습니다.

상사　그래, 그런 점이 없지않아 있지. 하지만 본부장도 관여되어 있고, 목표액은 조정할 수가 없는데. 뭐 좋은 방법 없을까?

부하　눈 딱 감고 곧 신제품이 나온다고 발표하는 것은 어떻겠습니까?

상사　그건 어째서이지?

부하　그래서 이렇게 값이 내렸다, 라고 파격적인 가격을 제시하는 것입니다.

> **상사** 음, 신제품을 역이용하자는 얘기군. 그렇다면 가격을 얼마까지 내릴 수 있는지 담당 부서와 상담해 보는 건 어떨까?
>
> **부하** 바로 상담해 보겠습니다. 이렇게 하면 틀림없이 달성할 수 있을 것입니다.

만약 피드백이 없었다면 부하는 보고했던 무리한 계획을 괴로움 속에 실행했을 것이고 목표액을 달성하지 못했을지도 모릅니다.

5. 침묵의 효과

서로 이야기를 하고 있을 때 갑자기 침묵이 찾아온다. 불안감에 휩싸여 어쩔 줄을 몰라합니다. 그 때문에 코치의 경험이 별로 없을 때는 쉬지 않고 질문하기 십상입니다. '그래서 당신은 어떻게 생각합니까?', '어째서 일이 그렇게 되어버렸죠?', '그럼 어떻게 하고 싶습니까?'…….

스스로 던진 질문들에 코치는 아주 만족하고 있지만 지도를 받는 사람은 당혹감을 느낍니다. 이런 묘한 상황은 자주 발생되는 것입니다.

이것은 바로 코치가 침묵을 두려워하고 있기 때문입니다.

감기를 심하게 앓아 회사를 쉰 부하에게

"이젠 괜찮나?"

라고 묻습니다. 부하는

"의외로 열이 많이 나서 고생을 했습니다."

"그래? 정말 고생이 많았겠군."

그 뒤 몇 초간의 침묵이 찾아온다 해도 조금도 이상할 것이 없습니다. 같은 말을 반복해 상대의 기분을 받아들인 뒤의 침묵 속에는 부하의 일을 진심으로 걱정하고 있다는 기분과 공감대가 숨겨져 있습니다.

침묵은 때에 따라서는 웅변이 되기도 하고 말하는 것 이상의 의미를 갖게 될 때도 있습니다.

침묵은 일반적으로 불안을 느끼게 하지만 코치의 질문에 바로 답하지 못해 침묵이 찾아오는 것은 그리 드문 일이 아닙니다. 이 때 틈을 주지 않고 질문을 던지거나 대답을 요구하는 듯한 물음을 해서는 안 됩니다.

나라면 이렇게 말할 것입니다.

"시간은 얼마든지 있습니다. 천천히 생각해 보십시오. 그때까지 저는 아무 말도 하지 않겠습니다."

라고. 이렇게 하면 상대는 급한 마음을 버리고 문제의 본질을 생각해낼 것이기 때문입니다.

생각지 못했던 침묵은 피하는 것이 좋지만 코치에 의한 의도적인 침묵은 지도법의 스킬로써 놓쳐서는 안 될 것입니다. 액티브 리스닝을 효과적으로 행하기 위한 도구로 평소에 침묵을 활용한다면 상대와의 일체감을 강화시킬 수 있을 것입니다.

알고 싶은 것을 능숙하게 질문하는 '청크다운'의 스킬

질문을 할 때 상대가 반드시 대답하리라고 생각한다면 코치는 오래지 않아 좌절을 맛볼 것입니다. 무엇이 문제인가를 발견해 포인트가 무엇인지를 상대에게 알게 하고 해결책을 모색해 간다, 이것은 좋은 방법이기는 하지만 느닷없이 '지금 하고 있는 일은 어때?' 라고 묻는다면 상대는 당황하고 말 것입니다.

질문의 최저 조건으로서, 무엇을 물으려고 하는지, 그 의도가 전달되지 않는다면 의미가 없는 것입니다.

인간의 특성 중 하나는 문제를 하나의 덩어리로 파악하는 경향이 있다는 것입니다. 예를 들어서 과거의 체험, 학생 때의 추억, 공부에 관한 일, 즐거웠던 축제, 쓸쓸했던 연애 경험 등을 커다란 덩어리로 기억의 서랍에 넣어두고 있습니다.

이것을 청크(Chunk, 덩어리)라고 하는데 지도법에 있어서 상대에 대한 깊은 이해를 표현하고 이 청크를 어떻게 풀어내 구체적인 언어로 끄집어낼 것인가에 크게 주목할 필요가 있습니다. 이 스킬을 청크 다운(Chunk down, 덩어리를 푼다)이라고 합니다.

추억이나 체험을 이야기하는 것이라면 그래도 괜찮지만 그 질문이 '미래의 일에 대한 전망'이나 '업계에서 살아남기 위해'라는 등의 막연한 주제라면 그것은 어린아이에게 사과 하나를 그대로 던져주는 것과 같은 것입니다.

상대에게 질문의 요점을 잘 알게 하기 위해서는, 커다란 사과를 입에 넣기 좋게 작게 자르든지 갈아야 합니다.

먼저 상대의 긴장을 풀기 위해서는 상대가 대답할 수 있을 만한 작은 질문부터 행해야 합니다.

'점심은 먹었나?', '주말에 잘 쉬었어?', '다음 주에 골프 치러 같이 갈 수 있어?'…….

이중 그 어느 것도 특별히 주의해야 할 만한 내용이 아닙니다. 거기에 이 질문들에 대한 답에는 공통되는 점이 있습니다.

답이 '예스'나 '노' 두 가지밖에 없다는 것입니다. 이것을 클로즈 퀘스천(Closed question)이라고 합니다. 클로즈 퀘스천은 그 질문 속에 답이 포함되어 있기 때문에 질문을 받은 사람은 잠재의식을 동원시킬 필요도 없이 즉석에서 대답할 수 있을 것입니다. 스트레스도 느끼지 않습니다. 대화의 기회를 만드는 데 간단하게 사용할 수 있는 질문이기에 평소에도 자주 사용되는 말입니다.

하지만 클로즈 퀘스천만으로는 상대로부터 무엇을 이끌어 내거나, 상대를 깊이 생각하게 하지는 못합니다.

지도의 도입부에서 클로즈 퀘스천을 사용하는 것은 결코 잘못된 일이 아닙니다. 하지만 중요한 것은 어떻게 화제를 심도 있는 것으로 만들어 문제를 인식하게 할 것인가, 여기에 있는 것입니다.

클로즈 퀘스천과 반대되는 개념으로 오픈 퀘스천이라는 것이 있습니다. 간단하게 말하자면 '당신은 무슨 색을 좋아합니까?' 라는 질문이 이에 해당합니다.

'예스', '노' 한 마디로 대화가 끝나는 질문이 아니라 질문 받은 내용에 대해 구체적인 답이 요구되는 질문, 그것을 오픈 퀘스천이라고 합니다.

상사 ① 지금 진행하고 있는 일은 잘돼 가고 있나?

부하 네, 덕분에. 단지 교섭중인 안건의 스케줄이 좀 늦어지고 있는 것 같습니다.

상사 ② 그래? 언제 그것은 해결할 수 있는 문제인가?

부하 네, 거래처의 윗사람이 해외 출장중이라 자세한 보고를 할 수 없는 상황 같습니다. 내정되었다고 하니까 그 사람이 돌아와 보고를 받기만 하면 바로 프로젝트는 성립될 겁니다.

상사 ③ 잘됐군. 그건 그렇고 자네는 이 프로젝트를 어떤 식으로 진행시키고 싶나?

부하 준비 단계부터 관여했기에 새삼스레 느끼게 된 일이지만, 자잘한 전문 분야에 너무 기울지 않도록 전체를 봐

> 가면서 조정해 가도록 힘을 쏟을 생각입니다.
>
> 상사 그건 자네의 커리어에도 많은 도움이 될 것이네. 앞으로는 어떤 일을 해보고 싶나? **포인트 ④**
>
> 부하 아직은 잘 모르겠지만 이번과 같은 신규 프로젝트에 매력을 느끼고 있습니다. 관리직도 좋지만 새로운 업무를 계획해서 관여하는 것도 힘들기는 하지만 재미있습니다.
>
> 상사 요즘에는 기업내 창업이라는 말도 있을 정도니까. 젊을 때 꿈은 클수록 좋네.
>
> 부하 네, 감사합니다.

①과 ②는 클로즈 퀘스천입니다. 부하는 보충 설명까지 하고 있지만 기본적으로는 '예스', '노'로 대답할 수 있는 질문으로 우선은 상사와의 대화가 매끄럽게 이루어지고 있다는 점에 주목해 주십시오.

그 다음으로 상사는 오픈 퀘스천 ③을 사용하여 부하의 생각 속으로 한 발 다가섰습니다. 그것도 부하가 던진 프로젝트라는 말을 그대로 받아 다시 던진 질문이기 때문에 아무런 저항감이 없습니다.

조금씩 덩어리가 풀려나가는 것을 알 수가 있습니다. 상사는 ④의 오픈 퀘스천으로 자연스럽게 미래에 대한 포부로 부하의 관심을 이끌었습니다.

물론 이것은 하나의 예일 뿐 실제에 있어서도 반드시 이런 흐름으로 진행된다고는 할 수는 없습니다.

하지만 질문하는 방법 하나로 결과가 커다랗게 변하는 것만은 사실입니다. 하나의 시뮬레이션으로서 이 예를 잘 기억해 두고 거기에 여러 가지 스킬을 응용하여 당신의 지도법을 완성시켜 주십시오.

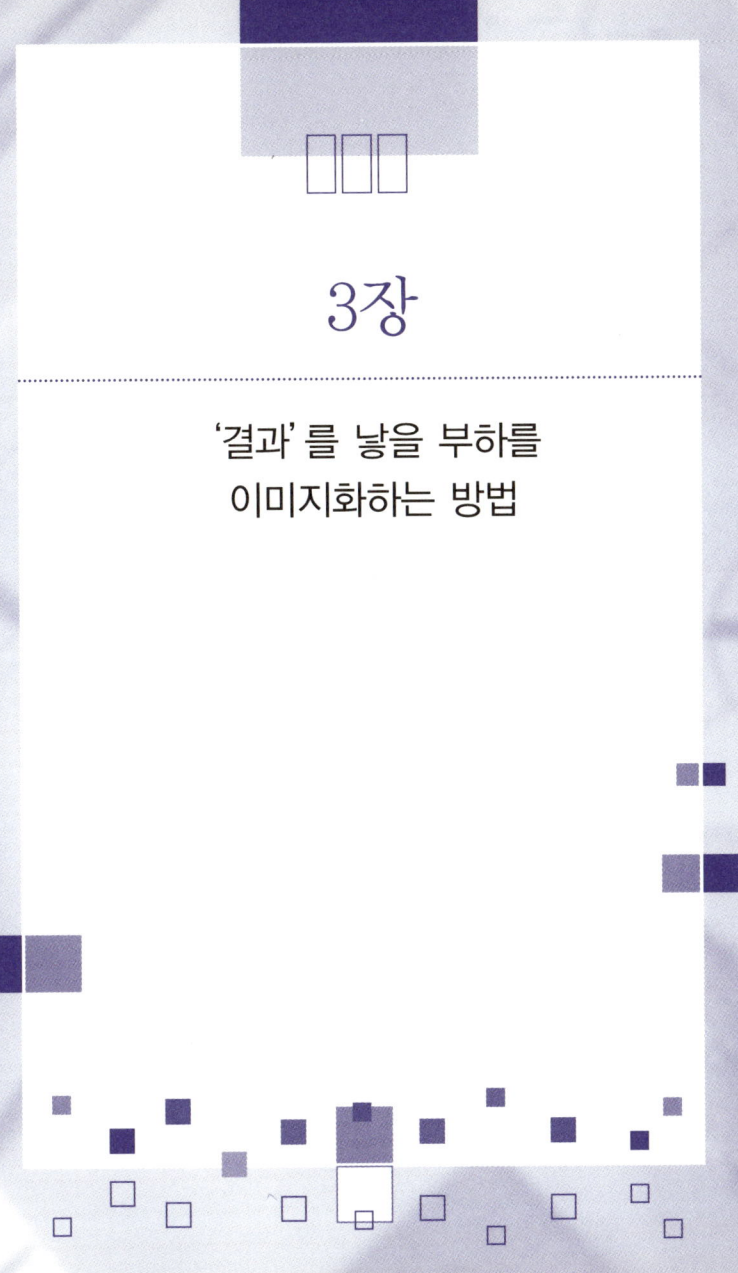

3장

'결과'를 낳을 부하를 이미지화하는 방법

이것을 알면 결과가 바뀌기 시작한다

지도를 받은 지 2년 된, 전문직에 종사하는 한 여자가 '지도법이란 무엇인가'를 아주 재미있는 방법으로 다음과 같이 설명했습니다.

'저는 코치를 마음의 안전 벨트라고 생각하고 있습니다. 핸들을 잡고 있는 것은 나. 가야 할 방향을 결정하는 것도 나. 액셀러레이터를 밟는 것도 브레이크를 거는 것도 나. 하지만 안전 벨트를 하고 있기에 안심. 코치는 나를 착실하게 앞으로 향하게 하는 존재입니다.'

이것은 코치 21이 발행하는 메일 메거진 '위클리 코치 (http://www.coach.co.jp)' 에 실렸던 것인데 지도법에 대해 아주 정확하게 표현한 글이라고 생각합니다.

지도법은 답을 유도하는 것만으로 끝나는 것이 아닙니다. 그 답에 대한 타당성을 검토하여 최선의 방법을 상대의 자발성에 의해 이끌어내고, 그것을 행동에 옮길 수 있도록 할 필요가 있는 것입니다.

그런 의미에서 코치는 운전하고 있는 상대의 안전 벨트이자 네비게이션 시스템의 역할을 하고 있는 것입니다.

안도감을 기본으로 상대와 하나가 되어 목표 달성을 위한 전략을 세우는 것이기는 하지만 상대가 핸들을 잡지 않고, 액셀러레이터를 밟지 않는 한은 단 한 발도 전진할 수 없는 것입니다.

그래서 또 중요한 것으로 부각되는 것이 동기 부여입니다.

막연한 희망, 예를 들자면 미래에는 독립하고 싶다고 생각하고 있다 하더라도 그것이 그저 생각뿐이라면 그것은 단지 꿈에 지나지 않는 것으로 목표라고는 말할 수 없습니다. 왜냐

하면 구체적이지 못한 꿈으로는 그것을 달성하려는 모티베이션이 일어나지 않기 때문입니다.

부하에 대한 '평가'의 폐해

성과주의를 가장 먼저 도입하여 인사 혁명의 선구로 항간의 이야깃거리가 되었던 대기업들이 연이어 고과 방법을 수정하고 있습니다.

실력 있는 사람이 높이 평가되는 것 자체는 좋은 일이지만 그에 의한 폐해가 눈에 띠기 시작했다는 것입니다.

성과주의에서는 상사와 면접을 해서 달성할 수 있는 목표를 정합니다. 그 달성도가 일정 기간의 성적이 되는 것입니다. 하지만 달성도를 중시하는 나머지 자기 신고에 의한 목표를 낮게 설정하는 사람이 나오게 됐다는 것입니다.

원래는 최선의 노력을 다했을 때 손에 닿을 수 있을 만한 곳에 목표가 있어야 합니다. 그런데 자리에서 일어나면 바로 닿을 만한 곳에 있는 목표를 의자에 앉은 채로 신고하는 것입니다.

이것이 그대로 통과되면 전체 생산성이 저하되는 것은 당연하며, 성과주의는 그 근본에서부터 무너지고 맙니다.

그와 동시에 자신의 달성도에만 신경을 쓰게 되어 팀플레이를 경시하는 경향이 현저하게 나타났습니다. 이렇게 되면 모티베이션 다운이 일어나는 것은 아주 당연한 일입니다.

상사는 부하가 일을 막힘없이 처리하기만을 기대하고 있는 것은 아닙니다. 잠재적으로 가지고 있는 능력을 꽃 피워 스스로 일을 만들어 제안하는 자세도 바라고 있다고 생각합니다. 그것이 전체의 활성화에 연결되고 결국에는 회사의 발전에 도움이 되는 것이기 때문에 당연히 이를 바랄 것입니다.

이런 '전제'가 상대의 마음을 열게 한다

내 동료의 에피소드입니다. 그 친구가 영업 때문에 한 중소기업의 사장을 만나러 갔습니다. 몇 번이고 찾아가 봤지만 얘기를 전혀 들어 주질 않아서 영업은 결국 실패로 끝나고 말았습니다.

스타일로 말하자면 그 사장은 말할 여지도 없는 콘트롤러였는데 그것도 극단적인 슈퍼 콘트롤러였습니다. 발 붙일 구석도 찾지 못하고 친구는 포기하고 말았습니다.

마지막 날 친구는 이렇게 말했습니다.

"저, 지금까지 제가 느낀 점을 말씀드려도 상관없겠습니까?"

이렇게 말하면 안 된다고 할 사람은 없습니다. 그 사장도 "뭐지?"라며 귀를 기울였습니다.

"실은 사장님과는 대화를 나누기가 어려웠습니다. 말을 걸기가 힘들었습니다. 주위 사람들을 보아도 저와 같은 마음이라고 생각됩니다. 그래서 드리는 말씀인데 사장님께 정직하게 말하는 사람은 한 사람도 없다는 것을 혹시 알고 계십니까?"

사장은 이 말을 듣고 불같이 화를 냈다고 합니다.

"너 같은 애송이한테 그런 말 듣고 싶지 않아. 돌아가!"

라고 소리를 질렀습니다.

그리고 2, 3일이 지났습니다. 그 사장이 갑자기 전화를 걸어와서 같이 식사를 하자고 했습니다. 동료는 이상하게 생각하면서 약속 장소로 향했습니다. 그리고 식사 자리에서 이런 말을 들었다고 합니다.

"그때는 감정적으로 소리를 질렀지만 내게 정직하게 말해 준 사람은 자네가 처음이었네. 굉장히 귀중한 의견이었네. 자네의 지도를 꼭 받고 싶네."

이렇게 해서 다른 사람의 이야기를 전혀 듣지 않던 사장에 대한 3개월간에 걸친 지도가 시작되었습니다.

콘트롤러가 다른 사람의 말을 잘 듣지 않는 스타일이라는 것은 이미 1장에서 설명했습니다. 이 사장은 슈퍼 콘트롤러였습니다. 영업에서는 실패했지만 친구가 말한 마지막 말은 굉장히 중요한 것이었습니다.

"지금까지 제가 느낀 점을 말씀드려도 상관없겠습니까?"

아무리 다른 사람의 의견을 듣지 않는 사람이라도 이런 말을 들으면 거절할 수가 없습니다. 이 사장도 예외는 아니었습니다. 이것을 지도법에서는 '전제' 라고 합니다.

친구는 콘트롤러 스타일의 사장에게 전제를 사용하여 아주 대담하게 자신의 기분을 전달했습니다. 이 사장은 그 순간은 감정적으로 변했지만 냉정함을 되찾은 뒤에 친구의 솔직하고 단도직입적인 태도가 자신에게 도움이 될지도 모른다고 생각하게 된 것입니다.

예를 들어 '좀 말하기 어려운 얘기입니다만……', '기분 나쁘게 들리실지도 모르겠지만, 말씀을 드려도 괜찮겠습니까?', '한 말씀 올리고 싶은데……' 라고 전제를 하면 다음에 올 말을 쉽게 말할 수 있을 뿐만 아니라 상대에게 잘 들을 수 있는 준비를 할 수 있는 기회를 제공하기도 합니다.

부하에게 좋지 않은 이야기를 할 때, 전제를 하지 않고 이야기를 하면 부하가 필요 이상의 반발을 할 수도 있다는 사실을 각오하지 않으면 안 됩니다. 그렇다면 그 지도는 실패와 다름없는 것으로 결국 상대로부터 아무것도 이끌어낼 수 없게 됩니다.

반대로 좋은 소식을 전할 때도 전제를 사용하면 메시지를 보다 효과적으로 전달할 수 있습니다.

"기쁜 소식을 가지고 왔는데 들어볼래?"

"즐거운 소식이 있네."

"자네가 들으면 기뻐할 것 같아서 하는 얘긴데."

이런 전제를 사용하면 상대는 한시도 참을 수 없게 됩니다. 과연 어떤 이야기라 나올까 자신도 모르게 몸을 앞으로 내밀고 다음에 나올 말을 애타게 기다립니다.

전제는 지도를 위한 준비 운동. 갑자기 달리기를 시작하여 부상을 입지 않도록 몸을 푸는 것과 같은 것으로 먼저 마음의 문을 열도록 하여 질문이나 메시지를 정확하게 받아들일 수 있도록 하는 것입니다. 부하의 마음을 휘어잡아 서로의 신뢰를 높이기 위해서도 전제는 필요불가결한 스킬이라고 할 수 있습니다.

자동차왕 포드의 생각에서 배운다

　자동차 공업에 대량 생산 방식을 도입하여 근대 산업의 기초를 닦은 것은 미국입니다. 대량 생산 방식을 생각해낸 것은 루델이라는 중소기업 사장으로 조립 라인에 따라 부품을 늘어놓고 하나의 공정이 끝나는 대로 다음 공정으로 로프를 이용하여 끌어가는 시스템을 고안해낸 것입니다.
　지금의 벨트라인 방식의 전신이라고 할 수 있는 방식의 도입으로 인해 한 달에 10대였던 생산량이 비약적으로 향상되었습니다. '대량으로 생산하면 대량으로 판매할 수 있다' 루델은 이렇게 생각했지만 결과는 참패. 판매량은 이전과 변함이 없었습니다.

주위에서는 모두 루델의 방식을 비웃었지만 한 사람만은 달랐습니다. 그 남자의 이름이 헨리 포드. 후에 자동차 왕이라고 불리게 된 포드는 실패한 루델의 방식을 자신의 공장에 도입하여 대량 생산 체계에 들어갔습니다.

포드가 루델과 결정적으로 달랐던 점은 대량 생산 방식이 가져다주는 효과를 보는 시점이었습니다.

그때까지 자동차는 특권 계층만의 것으로 서민으로서는 손에 넣을 수 없는 사치품이었습니다. 자동차 산업을 성장시키기 위해서는 일반 대중도 손에 넣을 수 있는 가격이 돼야 한다고 포드는 생각했습니다. '루델의 방식이라면 대량 생산에 의한 경비 절감이 가능해진다' 포드는 이 점에 착안하여 대중을 위한 자동차 생산을 계획했고 이는 커다란 성공을 거두었습니다.

루델의 아이디어는 틀림없이 훌륭한 것이었지만 포드는 이에 상상력을 덧붙여 미래를 내다보고 어떻게 하면 문제를 해결할 수 있을 것인가를 생각해 답을 이끌어낸 것입니다.

우리들은 일상적인 선입견에 빠져 스스로 상상력에 굴레를 씌워 자신이 판 함정에 빠지고 맙니다. 그것은 마치 아무런 제약도 받지 않고 자유롭게 그림을 그리던 아이가 주위로부터 배운 묘사나 원근법 등의 회화 기법 때문에 자유로운 상상력을 잃고 흔해빠진 그림을 그리게 되는 것과 비슷합니다.

상상력이란 자신의 가능성을 이끌어낼 수 있는 새로운 시점(視點)입니다. '그런 것을 해낼 리가 없다'에서 '이런 방법이라면 할 수 있지 않을까'로 바꾸는 시점의 전환이라고도 말할 수 있을 것입니다.

지도에서는 문제 해결의 방법과 실천 능력은 그 사람 자신이 틀림없이 가지고 있다고 전제합니다. 만약 몇 번이고 지도를 행했지만 상대가 마음으로 받아들이지 않거나 구체적인 문제 해결 방법을 발견하지 못했다면 질문하는 방법에 문제가 있었을지도 모릅니다.

상대의 상상력을 자극하는 질문을 만들어낼 필요가 있는 것입니다.

"당신은 어렸을 때 꿈을 가지고 있었죠? 혹시 그 꿈을 아직도 가지고 있었다면 어떤 일을 해보고 싶습니까?"

"만약 당신이 돈과 시간의 제약이 전혀 없는 세계에 있다면 어떤 일을 가장 해보고 싶습니까?"

이것들은 번잡한 일상과 반복되는 업무에 쫓기다보면 스스로가 생각해내기 어려운 발상입니다. 그것을 일부러 질문하여 상대와 부딪혀 보는 것입니다. 자신은 어떤 꿈을 가지고 있었을까? 정말 하고 싶은 일은 무엇일까? 그리고 자신이 영위하고 싶었던 삶은 어떤 것이었나?

자신도 모르게 잊고 있었던 참된 자신과 마주하는 체험은 많은 사람들에게 신선한 시점을 제공합니다.

상식이나 선입견에 얽매이지 않는 자유로운 발상이 수많은 가능성을 펼쳐 보여줄 것입니다. 당신은 지도를 통해 상대가 잠재적으로 가지고 있는 무한한 가능성을 이끌어낼 수 있게 되는 것입니다.

꿈에 대해 이야기하는 것은 결코 나쁜 일이 아닙니다. 하지만 이루어질 수 없을지도 모른다는 생각 때문에 사람들은 꿈에 대해 이야기하기를 꺼려합니다. 코치는 상대의 꿈을 실현시키기 위한 강력한 조언자입니다.

'제안'을 '명령'으로 바꿔버리는 함정

패스트푸드 점에 들어가면 쉴 틈을 주지 않고 말을 걸어 옵니다.

'포테이토는 안 드시겠습니까?', '음료수는 어떻게 하시겠습니까?', '다른 음식은 필요없으십니까?' …… 등.

이런 말을 듣고 불쾌하게 생각하는 사람들이 적지 않습니다. 제안을 하고 있는 것처럼 들리지만 어딘지 모르게 강요를 받고 있는 듯한 인상을 받습니다.

실은 직장에서도 비슷한 경우가 반복되고 있습니다.

> 상사   요전의 물건, 아직 계약이 되질 않았나?
>
> 부하   타사의 제품도 한 번 보고 싶다고 해서요.
>
> 상사   살 마음은 있는 건가?
>
> 부하   그건 틀림없다고 생각합니다.
>
> 상사   그렇다면 좀더 타이트하게 밀어붙이는 건 어떤가?
>
> 부하   너무 밀어붙이면 오히려 역효과가 나지 않겠습니까?
>
> 상사   그건 어떤 방법을 쓰느냐에 따라 다르지 않을까? 예를 들어서 정기 연락을 더욱 강화한다든지, 자택을 방문하는 것도 하나의 방법이 아닐까?
>
> 부하   너무 밀어붙인다는 느낌이 들지 않겠습니까?
>
> 상사   그게 영업이야. 강요는 하지 않겠지만 나라면 그렇게 할 걸세.

상사는 이 대화 속에서 몇 가지 제안을 하고 있습니다. 마지막에 '강요는 하지 않겠지만' 이라고 말한 것을 보면 부하의 자주성을 중시하고 있는 상사처럼 보입니다.

하지만 부하는 어떤 식으로 받아들였을까요? 겉보기에는 제안 같습니다만 실질적으로는 명령을 하고 있는 것이므로 거부할 수 없다고 생각했을 것입니다. 그렇다면 좀더 다른 방법이 있었을지도 모르는데 그 찬스를 앗아버린 결과가 되고 마는 것입니다.

매일 제안을 하고 있다고 말하는 상사일수록 실은 이와 같은 명령을 하고 있다는 것을 알지 못하고 있습니다.

참된 의미에서의 제안은 그것을 받아들일 것인지, 거부할 것인지에 대한 자유를 상대방에게 부여하는 것이어야만 합니다. 물론 그 아이디어가 최선의 것이어야 함은 말할 것도 없지만 제안에 있어서 중요한 것은 곤란한 문제에 부딪혔을 때도 아직 그 해결책이 있다는 것을 상대에게 알게 하는 점입니다.

> 부하 과장님, 잠깐 시간 괜찮으십니까?
>
> 상사 무슨 일이지?
>
> 부하 S사의 대리점 계약 건입니다만 아무래도 저쪽 부장님이 마음에 들어하지 않는 것 같습니다.
>
> 상사 90% 정도는 성사된 거라고 생각하고 있었는데, 좀 의외인데. 무슨 문제가 있었나?
>
> 부하 실은 새로 시장에 뛰어든 F사가 판로 확대를 노리고 S

사와 접촉하고 있습니다. 그 상담역을 하고 있는 것이 부장입니다.

상사 그래서 자네 생각에는 어떻게 하면 되겠나?

부하 여러 가지로 생각해 봤습니다만 지금으로서는 상대가 어떻게 나오나를 지켜볼 뿐 다른 방법은 없는 것 같습니다.

상사 글쎄, 내 얘기가 참고가 될까 해서 하는 얘긴데, 한 번 들어볼래? ①

부하 네, 말씀해 주십시오.

상사 S사의 부장, 실은 인맥이 좋은 점을 인정받아 타사에서 스카웃된 사람이야. 혹시 이전의 관계 때문에 거절을 하고 싶어도 거절할 수 없는 상황에 있는 것 아닐까? ②

부하 그렇습니까?

상사 실은 F사를 거절할 구실을 찾고 있는지도 모르지. ③

부하 아, 그렇군요. 그럼 우리와 계약하면 어떤 좋은 점이 있는지를 다른 대리점의 자료도 함께 사용해서 부장에게 보여 드릴까요? ④

상사 그거 좋은 생각이네. 그래 어떤 절차를 밟아서 일을 진

> 부하 행할 생각인가?
>
> 부하 바로 대리점별 데이터를 뽑아서 자료를 만들겠습니다.
>
> 상사 자네가 생각해낸 작전이네. 틀림없이 성공할 거야.⑤
>
> 부하 네, 감사합니다.

    제안이 위에서부터 일방적으로 던져진 것이라는 인상을 없애기 위해서 여기서는 전제 ①을 활용하고 있습니다. 특히 제안을 하는 경우 이와 같이 상대의 허가를 얻는 말은 상대의 리셉터를 열게 하는 효과적인 방법입니다.

    ②에서 정보를 제공하고 문제의 이해에 도움을 주는 말을 하는 부분이 ③ 직접적으로 말하는 것이 아니라 부하에게 힌트를 주면서 스스로 생각하도록 하고 있습니다.

    부하는 구체적인 지시를 받고 있는 것이 아닙니다. 상사의 말을 듣고 스스로가 하나의 아이디어를 떠올렸습니다④.

    그 아이디어가 부하의 생각이라는 것을 확인시키고⑤, 자신을 갖게 합니다.

    이런 과정을 거쳐서 난국을 헤쳐갈 수 있다면 그 부하는 틀림없이 커다란 자신감을 얻을 수 있을 것입니다. 상사는 제안을 했지만, 그것을 듣고 그 속에서 새로운 착상을 하게 되고 마지막에는 스스로 타개책을 마련해내는 것은 부하가 해야 할 일입니다.

'나라면 이렇게 해야 한다고 생각한다'고 말하는 것을 자제하고, 어떻게 해야 부하를 격려할 수 있을까에 대해 가장 주의해야 합니다.

'결과'를 낳는 성공 이미지

한 회사에 T라는 뛰어난 영업 사원이 있었습니다. 그는 성적이 좋지 않은 부하에게 '영업의 기본은 고객과 친구가 되는 것이다'라고 가르치고 있지만 부하의 성적은 좀처럼 좋아지지 않는다고 합니다. 왜 그렇다고 생각하십니까?

T씨의 생각을 모르는 것은 아닙니다. '팔아주지 않으려나' 하는 생각으로 접근을 하면 상대는 오히려 몸을 움츠리고 맙니다. 그러나 먼저 고객과 신뢰를 쌓아 '이 사람이 하는 말이라면 틀림없다'라고 생각하게 한다면 영업은 성공한 것이나

다름없습니다.

하지만 '친구가 된다'는 것은 과연 어떤 것일까요? T씨 자신은 경험에서 얻은 노하우가 있지만 부하는 어떤 것인지 알지 못합니다. 함께 술자리를 하고, 함께 골프를 치는 일이라고 생각해 바로 시도를 해보지만 결과는 그리 만족스러운 것이 아니었습니다.

인간은 단지 알고 있다고 해서 행동하는 것은 아닙니다. 머리로 이해하는 것뿐 아니라 그 결과를 구체적으로 그려볼 수 있을 때 비로소 자발적으로 행동하려고 합니다. 역으로 말하자면 인간은 자신이 상상할 수 있는 일 외에는 절대로 행하지 않는 동물입니다.

예를 들어 '퇴근하기 전에 다음 날 할 일을 미리 준비해 놓으면 다음 날 출근해서 효율적으로 일을 시작할 수 있다'는 것을 알고는 있지만 대부분의 사람들은 이를 실행하지 않습니다. 이것은 인간이 이해하고 있는 것만으로는 움직이지 않는다는 것을 보여주는 하나의 예라고 할 수 있습니다.

행동의 원천이 되는 것은 마음속에서 강하게 솟아오르는 동기입니다. 이 동기를 강화시키고 적극적인 자세를 갖게 만드는 것이 이미지의 힘입니다.

한번은 유명한 일본 요리점의 주방장인 K씨로부터 흥미 있는 얘기를 들은 적이 있습니다. K씨는 수많은 제자를 거느리고 있는데 그 제자를 가르칠 때 매우 엄하게 대한다고 있다고 합니다. 그래서 중간에 그만 두는 사람도 적지 않다고 합니다.

한 가지 새로운 사실은 그만 두는 사람은 재주가 없어서 배우는 것이 늦고 그래서 수업을 견뎌낼 수 없었다고 생각했는데 K씨의 말로는 꼭 그렇지만도 않다는 것입니다.

"실은 요리를 잘하고 못하는 것과는 상관이 없습니다. 재주가 없어도 엄격한 수업에 견뎌 독립하는 사람들은 모두 미래에 대한 일이 머릿속에 있습니다. 자신의 가게에서 스스로가 자신감을 갖고 만든 음식을 손님에게 대접하고, 요리를 입으로 가져가는 손님을 보는 즐거움, 칭찬의 말, 그런 이미지(Image)들이 확실하게 머릿속에 있기 때문에 힘들어도 참고 열심히 하려고 하는 것입니다."

마음속에 자신의 미래의 모습이 선명하게 그려져 있으면 그곳을 향해서 노력하려는 마음이 저절로 솟아나는 것입니다.

이미지를 그려내는 일은 지도법에서는 매우 중요한 것입니다. 예를 들어 중요한 상담(商談)을 앞두고 있을 때 상대가 자신이 별로 좋아하지 않는 타입의 사람이라면 적극적인 자세로 대화에 임할 수 없게 됩니다.

이런 때일수록 이미지가 중요한 것입니다.

상대 앞에서 자신이 당당한 태도로 설명하고 있는 모습, 상대가 납득하고 머리를 끄덕이고 있는 모습을 떠올리는 것입니다. 그런 이미지를 잘 그려내면 마음이 편해지고, 자신 있게 상담(商談)에 임할 수 있게 됩니다.

그런데 어떻게 하면 생생하게 이미지를 떠올릴 수 있을까요?

단순히 장면을 떠올리는 것만으로는 구체적인 이미지를 얻을 수는 없습니다. 준비는 잘 되어 있는가? 상대에 대한 개인 정보를 가지고 있나? 예상되는 반론에 대한 대안을 제출할 수 있나? 혹은 설득할 재료는 있는가?

이처럼 떠오르는 모든 문제들을 처리한 뒤에야 그 의미를 찾을 수 있는 것입니다. 스포츠계에서는 이미지 트레이닝을 자주 행하고 있습니다. 시합이나 경기가 가까워지면 선수가 이미지 트레이닝을 통해 집중력을 높인다는 것은 잘 알려진 이야기입니다.

이미지 트레이닝이라는 것은 시합중의 자신의 움직임이나 상황을 이미지 속에서 시뮬레이션하는 것이지만 그것도 평소 연습이 없으면 성립되지 않습니다. 연습의 성과를 최대한으로 발휘하기 위한 방법인 것입니다.

이미지의 힘은 생각 이상으로 큰 것입니다. 단순히 머릿속에 무엇인가를 떠올린다고 해서 결과가 얻어지는 것이 아니고 얼마나 사실적인 것을 떠올리느냐가 문제입니다. 그것을 도와주는 것이 바로 코치의 중요한 역할입니다.

'시각화'로 무엇을 해야 할지를 알 수 있다

앞서 평소의 노력이 사실감 있는 이미지를 만들 수 있다고 말했지만 그 반대의 경우도 있습니다. 예를 들어 전문 기술을 가지고 회사에서 활약하고 싶다는 희망을 가지고 있다고 합시다. 만약 그것이 단순한 희망이 아니라면 그 장면을 머릿속에 그릴 것입니다.

그 이미지에서 힘을 얻어 열심히 공부를 한 끝에 꿈을 실현한 경우는 그리 드문 것이 아닙니다.

따라서 상사는 부하에게 얼마나 사실적인 이미지를 품게

할 수 있는가? 이것이 지도의 중요한 포인트가 됩니다.

예를 들어, 영업 성적이 예상보다 좋지 않은 부하와의 대화를 보도록 합시다.

상사 방문 건수가 영 늘어나지 않는 것 같은데. 어떤 방법으로 일을 하고 있지?

부하 신규 리스트를 보고 전화로 약속을 해서 방문하고 있습니다만 그게 잘 되질 않아서…….

상사 ① 간신히 전화가 연결되어도 벌써 다른 회사와 계약을 맺은 경우가 많으니까.

부하 그렇습니다. 그래서 방문할 수 있는 곳이 적습니다.

상사 ② 우선은 전화를 좀더 많이 해야겠군. 전화를 걸어서 아침부터 좋지 못한 대답을 듣는다는 건 기분 상하는 일이지만 지금으로서는 그 방법밖에 없지 않은가?

부하 네, 해보는 수밖에 없겠죠.

상사 그래, 다음 주에는 몇 건 정도 할 수 있겠나?

부하 하루 평균 5건, 대강 25건 정도는 될 것 같습니다.

상사 그럼 부탁하겠네.

이 대화에서 부하의 한숨 소리가 들려오는 듯합니다. 원인은 상사가 좋지 않은 상황을 시각화하여 부하에게 부정적인 이미지를 심어준 것에 있습니다(①, ②). '전화를 걸어도 벌써 다른 회사와 계약을 맺어버렸다, 거절당할 공산이 크다' 라는 상황을 이미지한 부하에게 전화를 거는 일은 그저 고통스럽게 느껴질 뿐입니다.

시각화의 목적은 구체적인 장면을 보여줌으로써 의욕을 갖게 하는 것에 있습니다. 만약 그 이미지가 부정적인 것이라면 적극적으로 움직일 리가 없습니다.

어디까지나 긍정적인 이미지가 솟아나도록 해야 하며 부하가 그 상황에 있는 것처럼 생각하게 하는 것이 지도법에서는 필요합니다.

> 상사 : 방문 건수가 영 늘어나지 않는 것 같은데. 어떤 방법으로 일을 하고 있지?
> 부하 : 신규 리스트를 보고 전화로 약속을 해서 방문하고 있습니다만 그게 잘 되질 않아서…….
> 상사 : 담당자와 연결이 되지 않는 경우와 다른 회사와 이미 계 ①

상사 약을 해버린 경우 중 어느 쪽이 더 많지?

부하 담당자와 연결이 되지 않는 경우가 더 많습니다.

상사 연결이 잘 되는 시간이 따로 있나?

부하 월요일 아침에는 연결이 잘 되는 편입니다.

상사 음, 월요일 아침이라. 월요일 아침에는 쉽게 연결된다는 거지?

부하 네, 하지만 월요일 아침에는 제가 미팅과 잡무 때문에 좀처럼 시간을 낼 수 없는 형편입니다.

상사 거참 안타까운 일이군. 하지만 월요일 아침에 약속을 잡았을 때는 어떤 기분이지?

부하 한 주일이 시작되는 날 약속이 잡히면 기분 좋고 의욕도 솟아날 것입니다.

상사 그런 자신을 상상할 수 있겠나? 어떤 식으로 일을 하고 있을 거라고 생각하나?

부하 글쎄요. 밝고 활기찬 표정으로 일을 하고 있겠죠. 일이 즐거워질 겁니다.

상사 바람직한 모습이군.

이 상사와 부하의 대화가 어떤 흐름으로 이루어졌는가를 분석해 보면 시각화의 의미가 선명해질 것입니다.

① 시각화할 대상을 정한다.

② 지금의 상황을 이미지한다.

③ 이미지가 부정적이었기에 긍정적인 이미지를 이끌어낼 수 있도록 지도를 행한다.

④ 부하의 대답과 같은 말을 반복함으로써 이미지를 선명하게 한다.

⑤ 성공 이미지를 이끌어내 시각화를 촉진한다.

⑥ 성공 이미지를 더욱 구체화시킨다.

⑦ 부하의 마음속에 구체적인 이미지가 선명하게 나타난다.

생각처럼 일이 진행되지 않을 경우 생각해야 할 것은 부하의 긍정적인 이미지를 얼마나 확대시켜 나갈 수 있을 것인가입니다. 그리고 부하에게 자신의 모습을 생생하게 그릴 수 있도록 하는 것입니다.

그 이미지가 자발성을 이끌어내게 하는 동기를 강화시킴으로써 이후의 시각화를 사용한 지도도 보다 더 쉽게 행할 수 있게 됩니다.

> **(앞의 지도에 이어서)**
>
> 상사 약속이 결정되어 있으면 좋을 텐데. 약속은 어느 정도로 하고 싶나?
>
> 부하 하루에 5건 정도면 여유를 가지고 할 수 있을 것 같습니다.
>
> 상사 그 정도면 여유가 있을 것 같군. 여유가 생기면 어떤 점이 좋나?
>
> 부하 차분하게 생각할 시간이 생길 것입니다.
>
> 상사 구체적으로 무엇을 어떤 식으로 생각하고 싶다는 거지?
>
> 부하 예를 들어서 상품 설명에서의 잘못된 어프로치라든가, 약속을 위한 리스트를 수정해 본다든지 하는 일을 할 수 있을 것 같습니다.
>
> 상사 그건 손님을 위해서도 필요한 일이군. 그렇게 할 수 있다면 참 좋다고 생각하지 않나?
>
> 부하 그렇습니다. 좀 힘이 나는데요. 하루에 5건씩 약속을 하기 위해서 어떻게 하면 될지 한 번 더 대책을 마련해 보

> 겠습니다.
> 상사 자네가 그렇게 생각한다면 됐네. 자네라면 할 수 있을 거야. 한번 해보게.
> 부하 네, 해보겠습니다.

시각화를 촉진시키는 질문을 거듭함으로써 부하가 스스로 아이디어를 내고 의욕을 갖게 했다는 것을 알 수 있습니다.

가능성에 지나지 않았던 막연한 능력에 형상화를 부여해 선명하게 이미지할 수 있도록 지도하는 것이 시각화입니다.

'프레임'을 바꿔서 새로운 시야를 제공하라

일이 제대로 풀릴 때는 문제될 게 없지만 많든 적든간에 부하는 문제를 가지고 있습니다. 그 문제를 '어차피 극복할 수 없는 것'이라고 생각하면 커다란 장애물이 될 것이고 다른 일에도 악영향을 미칠 것은 불을 보듯 뻔한 일입니다.

그렇기 때문에 시점을 바꿀 만한 이미지를 갖게 해서 단계적으로 부정적인 이미지를 없애가야 합니다.

'어차피 극복할 수 없는 것' → '극복하지 못하는 것은 방법이 틀렸기 때문?' → '어떤 방법이 있을까?' → '그 방법이라면 할 수 있을지도 모른다' → '해보자' → '틀림없이 할 수 있을 것이다' 라는 흐름을 만들어 상대가 그 흐름을 탈 수 있도록 합니다.

지도에서는 하나의 영상이 떠오르게 되는 상황을 사진에 비유해 '프레임' 이라고 합니다. 이 프레임에 잔상처럼 나쁜 이미지가 계속해서 남아 있는 한, 발상 자체가 부정적으로 되어버리고 맙니다.

프레임을 새롭게 해 거기에 다른 이미지를 만들어내는 것을 지도법에서는 '리프레임' 이라고 합니다. 이 리프레임을 거듭함으로 해서 부하의 시점이 점점 바뀌게 됩니다.

- 문제 해결의 장애가 되는 행동이나 원인을 분명하게 한다.
- 지도에 의해 명확해진 점의 긍정적인 측면에 착안해 문제 의식을 높여간다.
- 긍정적인 측면을 강조해 가면서 부정적인 결과를 부르지 않는 방법을 생각한다.
- 생각한 방법 중에서 가장 실행에 옮기고 싶은 방법을 검토해 그 이미지를 서로 공유한다.

이 흐름에 따라 지도를 행하면 어떤 결과가 있을까요? 여기에 하나의 예가 있습니다.

> 상사 전시회 준비 이제 거의 끝나가나?
>
> 부하 네, 좀 마음에 걸리는 부분이 있어서 상담을 하려고 했었습니다.
>
> 상사 걸리는 부분? 뭐지?
>
> 부하 우리 부스는 신기종을 앞으로 내놓음으로 해서 다른 회사와의 차별성을 강조하려고 하고 있지 않습니까?
>
> 상사 응, 그런데 무슨 문제점이 있나? 아직 시간이 있으니까 자네의 의견을 솔직하게 말해보게.
>
> 부하 네. 다른 회사와 마찬가지로 신기종을 내놓으면 오히려 개성 없이 보일지도 모른다는 생각이 듭니다.
>
> 상사 그래. 그것은 나도 느끼고 있는 점이야. 매해 어느 부스에서도 비슷한 광경이란 말이야. 그래서 다른 생각이라도 있나?
>
> 부하 기능면에서는 종래의 기종으로도 충분하다고 생각합니다. 차별화된 기능의 각 기종을 앞으로 내놓고 그 제일

윗부분에 신기종을 놓는 구성은 어떻겠습니까?

상사 맞아. 그런 방법도 있었군. 단지 다른 부서와도 이미 합의된 안건이라, 자네의 생각을 살리기 위해서는 무엇이 필요하다고 생각하지? 몇 가지 방법을 생각할 수 있지 않을까?

부하 먼저 과장님께서 한 번 더 전체 회의를 소집할 수 없으시겠습니까? 아니면 사전에 각 부서의 책임자에게 개별적으로 타진해 본다든지, 또 다른 방법은 사내용 프레젠테이션을 만들어서 합의를 받을 수 있게 한다든지, 그런 방법이 있겠습니다.

상사 자네는 어떤 것이 타당한 방법이라고 생각하나?

부하 갑자기 전체 회의를 하면 반발이 있을 수도 있으니까 먼저 사내용 프레젠테이션을 만들어 봤으면 좋겠습니다.

상사 그렇군. 신기종을 중심으로 다른 기종의 기능성에도 중점을 둔 자료를 만들 필요가 있을지도 모르겠군.

부하 그렇군요. 바로 만들겠습니다.

상사 만약에 성공을 한다면 어떻게 될 것 같나?

부하 좋은 인상을 준다면 우리 부스쪽으로 사용자가 몰릴 것

> 으로 생각됩니다.
>
> 상사 자네가 부스에서 활기 넘치는 모습으로 프레젠테이션을 하고 있는 모습이 눈에 선하군.

 어두운 표정의 부하에게 상사가 먼저 말을 건 장면으로 부하의 제안에 대해서 상사는 결코 부정적인 반응을 보이지 않고 있습니다.

 처음 부하의 프레임에 떠오른 것은 타사와 비슷한 부스 앞을 손님이 그냥 지나쳐가는 모습이었습니다.

 하지만 상사에게 얘기한 결과 최종적으로 프레임에 비친 이미지는 다른 것이었습니다. '사용자가 몰려든다'는 긍정적인 이미지가 확실하게 시각화된 리프레임에 성공한 것입니다.

 선입견처럼 머릿속에 들러붙어 있던 나쁜 이미지는 자신의 힘만으로는 좀처럼 떼어내기 힘든 것입니다. 사물을 바라보는 시선을 바꿔주고 새로운 시점에서 시각화하는 찬스를 제공할 수 있는 것은 코치뿐입니다.

 그 때문에 문제를 안고 있는 부하가 어떤 이미지를 가지고 있나를 살펴 그에 대한 처방전을 지도법으로 내리지 않으면 안 됩니다.

그 외에도 시점을 바꾸기 위한 질문으로 명심해 두어야 할 것이 가정(假定)을 사용한 질문입니다.

'만약 당신이 새라면……' 이런 질문을 받는다면 당신의 머릿속에는 TV나 영화에서 본, 높은 곳에서 촬영된 영상이 떠오를 것입니다. 그리고 새처럼 자유롭게 하늘을 날고 있는 자신을 연상할지도 모르겠습니다.

가정에 지나지 않는 이야기지만 하나의 이미지로 받아들이기 때문에 사물을 보는 시점이 커다랗게 변하게 됩니다.

출구를 찾지 못해 당황하고 있는 부하는 스스로 문제점을 찾아 그것을 받아들이는 법을 모르는 채 한곳을 뱅뱅 맴돌기만 할 뿐입니다.

그럴 때 '만약 자네가 상대방의 입장이라면 어떻겠나?', '만약 자네가 상사라면 어떻게 생각하겠나?', '만약 자네가 라이벌 회사의 담당자라면 자네에 대해서 어떻게 생각하겠나?'……. 이런 말을 계기로 부하의 이미지는 더욱 확대될 것입니다.

직접 해결까지는 이르지 못하지만 그런 식으로 사물을 볼 수도 있구나라고 새로운 시각을 얻을 수 있게 되는 것입니다.

  마음도 즐거워져서 한곳을 맴돌기만 하던 것이 밖으로 한 발 내딛게 돼 자신의 모습을 객관적으로 바라볼 수 있게 되기 때문에 사물을 대하는 자세에도 틀림없이 변화가 올 것입니다.

성공을 체험함으로 해서 '자신감'을 얻는다

당신은 학창시절 써클에서 활동했던 사진을 앨범에 꽂아놓고 계시지는 않으십니까? 그 사진을 볼 때마다 과거의 모습이 생생하게 떠오르며 힘이 나곤 하지 않으십니까?

누구에게라도 과거에, 자신의 존재를 확실하게 느낄 수 있게 해 주었던 장면 하나쯤은 있었을 것입니다. 그것은 지나가 버린 추억이 아니라 지금도 생생하게 기억에 남아있을 것입니다.

그것이야말로 성공 체험이라는 이름의 리소스(Resource),

즉 인생의 자원이며 자산인 것입니다.

활력에 넘쳐 어떤 일에도 적극적으로 대처했던 나날에 대한 기억들, 자존심을 만족시켜 자랑스럽기만 했던 기분. 그때의 모습을 다시 볼 때마다 당신의 흥분이 다시 한 번 되살아납니다.

"자네 학생 때 스키 선수로 전국 체전에 나갔다는 얘길 들었는데, 굉장하군. 노력을 아주 많이 했었나 보네."

이런 말을 던지면 자신의 실패를 후회하며 배추를 절여놓은 것 같던 사람이 갑자기 눈에 광채를 띠게 됩니다. 그리고 이런 대화가 계속될 것입니다.

> 상사 하지만 힘들 때도 있었을 거 아닌가? 그만 때려치우고 싶다거나.
>
> 부하 네, 연습하다가 발에 골절상을 입어서 몇몇 대회에 나가질 못했습니다. 그 대회를 목표로 연습을 했었는데. 정말 억울했습니다.
>
> 상사 그런 적도 있었군. 그래서 어떻게 했나?
>
> 부하 하루라도 빨리 복귀하고 싶었기 때문에 입원 중에 덤

벨로 하반신을 단련했습니다. 병원 사람들은 모두 놀랐지만.

상사 그래도 포기하지 않았나?

부하 네, 왜들 이러는 거야? 절대 포기하지 않을 거야, 라고 생각했습니다.

상사 지금 상황하고 아주 많이 닮아 있군. 거래처와 제품 납품일에 문제가 있으니까 담당을 바꿔달라고 하는 것은 이해하겠네. 하지만 과거에 고난을 극복해온 자네 아닌가? 그때의 자네라면 어떻게 했을까?

부하 그때의 저라면 간단하게 포기하지 않았을 것입니다.

상사 포기하지 않는다. 그럼 어떻게 했을 것 같나?

부하 문제가 발생한 시점에서 가능한 다른 방법은 없었을까, 그것을 생각했을 것입니다.

상사 지금은 어떤가? 지금은 어떤 일이 가능하다고 생각하지? 예를 들자면 자네가 거래처의 담당자라면 어떻게 해 주길 바라겠나?

부하 글쎄요. 아무래도 잘 알고 있는 상대라고 방심하고 있었던 것 같습니다. 다시 한 번 만나서 문제를 확실하게 정

> 리하고 원점으로 돌아가서 어떤 일이 가능한지 생각해 보겠습니다.

이것은 언제까지나 하나의 예입니다. 하지만 과거의 성공 체험이 하나의 일을 끝까지 해낸 자신의 모습과 함께 확실하게 자리잡고 있어서, 마음의 재산으로서 인간적 성장에 기여하고 있다는 사실에는 변함이 없습니다.

그 장면을 상기하게 함으로써 의욕에 넘쳐 전진하려고 하는 자신의 모습을 확실하게 의식할 수 있게 하는 것입니다.

"동기들 중에서 월간 판매왕이 된 적이 있었지? 그 요인이 무엇이었다고 생각하나?"

"자네의 보고서를 부장님이 굉장히 칭찬한 적이 있었지? 그 때는 어떤 마음으로 일에 임했었나?"

"지금까지 어려움에 부딪혔지만 극복한 경험이 많을 걸세. 그 중에서도 가장 어려웠을 때는 언제였나?"

질문한 직후에 부하의 표정에 주목해 주십시오. 눈빛이 살아나고 얼굴에서 긴장감이 사라진다면 얼음처럼 굳어있던 마음이 기억의 열기에 의해 녹아가고 있다는 증거입니다.

또 성공 체험의 리소스는 과거로 거슬러 올라가야만 얻을 수 있는 것이 아닙니다. 현재 어떤 분야에서 두각을 보이고 있나를 파악하면 그 사람에게 자신감을 갖게 하는 리소스로 활용할 수 있습니다.

"자네는 장기 유단자라고 들었는데 궁지에 몰린 국면을 타개할 묘수는 어떤 식으로 찾아내나?"

"자네 여사원들에게 인기가 좋더만. 뭔가 비결이 있을 것 같은데 그걸 거래처에서도 사용할 수 있지 않을까?"

두각을 나타내는 분야만이 아니라 관심을 갖고 있는 분야나 잘하는 분야, 그 어느 것이라도 상관이 없습니다. 그 사람이 남보다 잘하는 일은 자신의 자존심의 근거지라고 해도 과언이 아닙니다. 그렇기 때문에 좋아하는 일에 대한 얘기가 나오면 눈빛이 변하고 끝없이 얘기하게 되는 것입니다.

이것을 지도법에 도입하는 것입니다. 예를 들어 문제를 깊이 생각하지 않아 사소한 실수를 자주 범하는 부하가 있다고 합시다. 이 부하의 취미가 채소 가꾸기라고 한다면 이런 질문을 할 수 있을 것입니다.

상사   자네의 채소 가꾸는 실력은 들어서 알고 있네. 올해 수확은 어땠나?

부하   토마토가 아주 많이 열려서 동네 사람들에게 나눠줬습니다. 땅이 좀더 있으면 근채 식물에도 도전해 보고 싶습니다만…….

상사   이야, 굉장한 정열이군. 하지만 수확기까지는 여러 가지로 손이 많이 가지?

부하   씨앗 뿌리기에서부터 시간이 걸립니다. 병충해 예방도 그렇고, 열매가 열리는 야채는 가지치기도 중요하고 잠시도 방심할 수가 없습니다.

상사   그건 일하고 똑같구만. 일의 씨앗을 뿌리고 길러서 커다란 성과로 연결시킨다. 그 사이 사이에 여러 가지 일이 있지만 그 어느 것도 성과를 올리기 위해서는 무시할 수 없는 것들뿐이지 않나.

부하   듣고보니 그도 그렇습니다.

상사   지금 관리하고 있는 클라이언트의 불만도 알고 보면 소중한 야채에 벌레가 생긴 것과 같은 것 아닐까? 야채라

> 면 어떻게 하면 되지?
>
> 부하 살충제를 뿌려야 합니다만 중요한 것은 피해가 커지기 전에 대처를 해야 한다는 점입니다. 그렇게 하지 않으면 나중에는 손을 쓸 수가 없으니까요.
>
> 상사 그렇군. 그것 역시 일과 똑같지 않나?
>
> 부하 그렇군요. 작은 크레임이나 문제를 놓치지 않고 적절하게 대응한다, 그러기 위해서는 일을 정기적으로 점검해서 예정대로 일이 진행되고 있는지 파악해 둘 필요가 있겠습니다. 아, 맞다. 점검표를 만들어 놓으면 한눈에 알아볼 수 있겠습니다.
>
> 상사 좋은 생각인데. 그거라면 보고할 때도 쓸 수 있을 거고 마음 놓고 자네에게 일을 맡길 수 있겠네.
>
> 부하 네, 바로 만들어 보겠습니다.

 취미나 스포츠, 그 외의 어떤 것이라도 좋습니다. 하나의 일에 정통한 사람은 틀림없이 곤란함에 직면해 그것을 극복한 경험이 있을 것입니다.

 그 지혜와 경험을 이끌어내는 것이 마음의 리소스를 활용하는 지도법입니다.
 과거의 성공과 다른 분야에서의 활약, 그 리소스에 주목하여 한 번 더 부하에게 자신감과 자랑스러움을 일깨워 주십시오.

성공자를 이미지화하게 하는 '모델링' 법

'아유(あゆ)'라는 애칭으로 친숙한, 젊은이들로부터 폭발적인 지지를 얻고 있는 가수 하마사키 아유미(濱崎あゆみ)는 '십대의 카리스마'로 불리고 있습니다. 시부야(澁谷)에 가보면 거리 여기저기에서 그 아유와 꼭 닮은 젊은 여자들의 모습을 볼 수 있습니다.

그녀들에게 있어서는 동경의 대상이기에 패션과 화장을 흉내냄으로써 정신적으로도 동화하려고 하는 것인데 그 현상이 바로 비주얼라이즈(Visualize, 마음에 그리다)를 잘 보여주는 예라고 할 수 있겠습니다.

이것은 젊은이들에게만 있는 현상은 아닙니다. 경영자들 중에도 사카모토 류마(坂本龍馬)나 사이고 다카모리(西鄕隆盛)와 같은 역사적인 인물에 경도되어 사사건건 이들의 말을 교훈으로 삼는 사람도 적지 않습니다.

상대에게 존경하고 동경하는 사람이 확실하게 있다면 지도를 행하기에 아주 좋은 경우가 될 것입니다.

질문을 하는 장면에서 그 인물의 예를 들어서, 좋지 않은 상황을 타개해 나갈 기회를 만들 수 있기 때문입니다.

"이런 상황에서 자네가 심취해 있는 카츠 카이슈(勝海舟)라면 무슨 말을 했겠나?"

"경영의 귀재라고 불렸던 마츠시타 코노스케(松下幸之助)가 지금 자네 앞에 있다면 어떤 말로 어드바이스해 줄 거라고 생각하나?"

"자네가 목표로 하고 있는 것은 엔도(遠藤) 전무님이었지. 전무님이 지금 자네의 입장이라면 어떤 방법을 썼을까?"

제3자에게는 그다지 의미를 갖지 못하는 질문처럼 보일지 모르지만 본인에게는 다릅니다. 무의식중에 자신의 의식을 그 인물과 일치시키기를 원하기 때문에 상사의 한마디에 자신과 그 인물을 동일시하려고 하게 되는 것입니다.

마치 자신이 역사적 인물이 되기라도 한 것처럼 혹은 동경하고 있던 사람의 눈 앞에 있는 것처럼, 일상과는 다른 시점에서 사물을 바라보고 생각할 수 있게 되는 것입니다.

부하에게 모델이 될 만한 사람을 이미지화하게 하는 것도 유효한 방법이기는 하지만 이는 당신 자신에게도 적용될 수 있는 방법이기도 합니다. 부하에게 이상의 인물상이 있듯이 상사인 당신에게도 이상의 인물은 있을 것입니다.

그 사람이 야구의 감독이라도 상관없습니다. ID야구를 추진해 다른 팀에서 주목받지 못했던 선수를 훌륭하게 부활시켜 노무라 재생 공장이라 불렸던 노무라 감독(전 한신)입니까? 아니면 자신의 카리스마로 선수를 내세운 나가시마 감독(전 자이안츠)입니까? 그 사람들을 구체적으로 이미지화함으로써 부하를 대하는 방법에 변화가 올 것입니다.

지도법이 필요하다는 것을 알고 있으면서도 자신도 모르게 부하에게 '그렇게 하면 안 되잖아', '빨리 보고하라고 하지 않았나?' 라는 등 험악한 말투로 말하는 사람이 있습니다.

부하에게 위압적인 태도를 보인다면 자발성을 잃게 하는 결과를 낳기 때문에 결코 바람직한 방법이라고는 할 수 없습니다.

'알고는 있지만 나도 모르게 그만' 이라고 말하는 사람은 꼭 자신의 모델을 찾아보시기 바랍니다. 만약 노무라 감독이라면 지금 눈앞에 있는 부하에게 어떤 말할 것인가? 혹은 닛산(日産)자동차의 카를로스 곤 사장이라면 어떤 방법으로 부하에게 의욕을 갖게 할 것인가?

그 장면을 떠올리며 그 사람의 시선으로 부하를 접하는 것입니다.

목소리의 톤, 표정까지도 의식하며 부하를 접해야 하며 부하는 나에 대해 어떻게 생각하고 있을까, 라고 자문해 볼 필요도 있습니다. 부하에게 의욕을 심어주는 코치의 달인이라 불리는 사람은 많습니다. 당신도 스스로 모델링을 한다면 그들의 대열에 들어갈 수 있을 것입니다.

4장

'의욕'을 갖게 하는 지도법, 잃게 하는 지도법

'실패'를 성공으로 연결시키는 사람과 연결시키지 못하는 사람의 차이

당신은 돌고래 쇼를 본 적이 있습니까? 공중 높이 달려 있는 링을 향해 점프해서 통과하는 등 여러 가지 재주를 경쾌한 몸동작으로 보여줍니다.

그런데 어떤 식으로 돌고래에게 그 재주를 익히게 하는지 알고 있습니까? '반복연습을 시키며 잘했다고 생각될 때만 먹이를 준다' 저는 그렇게 생각하고 있었는데 그게 아니었습니다.

다음의 이야기는 제 코치로부터 들은 것입니다.

돌고래는 아무것도 지시하지 않아도 평소에 경쾌한 몸동작을 한다고 합니다. 그런 움직임을 보였을 때 조련사가 바로 먹이를 줍니다. 그러면 돌고래는 좀전과 같이 움직이면 먹이를 얻을 수 있다고 생각하게 됩니다.

이것을 몇 번 계속하다가 같은 움직임에 대해서 갑자기 먹이를 주지 않으면 어떻게 될까요? 돌고래는 그와는 다른 움직임을 보일 것입니다. 그때 다시 먹이를 줍니다.

이 돌고래에게 있어서 먹이는 승인(Acknowledgment)에 해당하는 것이라 할 수 있습니다.

이렇게 돌고래는 승인 받는 형식으로 해서 자발적으로 몇 종류의 재주를 익혀 우리들을 즐겁게 해 주는 것입니다.

자녀가 시험에서 나쁜 점수를 받아온 것을 보고 기뻐할 부모는 없습니다. '너, 이래서 어떻게 할래?' 라고 혼낸 경험이 있을지도 모르겠습니다. 아이를 생각해서 야단을 친다는 것은 이해할 수 있습니다.

하지만 심하게 야단맞고 난 아이가 '그래, 열심히 하자' 라는 마음을 먹게 될까요? 그 반대라고 생각합니다. '이렇게 야단을 맞을 바에는 차라리 점수가 좋을 때만 시험지를 보여주자' 이같은 최악의 상황이 발생할 수도 있습니다. 아이는 거짓말을 해서 몸을 사리는 방법을 터득하게 되는 것입니다.

그리고 이해하지 못하는 부분이 그대로 남겨져 그것이 눈덩이처럼 불어나게 되는 것입니다. 학기말 성적표를 보고 눈을 둥그렇게 떠도 그것은 소 잃고 외양간 고치기. 다시 야단을 쳐야 하는 악순환을 거듭하게 됩니다.

왜 이렇게 되어버리고 마는 것일까요? 그것은 일에서도 마찬가지이지만 실패를 인정하느냐 인정하지 않느냐의 차이입니다. 실패를 실패로 인정할 때만이 스스로 결과를 되돌아보고 문제점을 찾아내려고 노력하는 것입니다.

TV에서 골동품 전문가인 나카시마 세이노스케(中島誠之助)씨가 흥미있는 말을 했습니다. 프로 골동품 전문가와 아마추어 골동품 수집가 사이에는 커다란 차이가 있다는 것입니다.

아마추어 골동품 수집가는 거금을 털어 구입한 골동품이 위조품이었다는 것을 알게 되면 불평 불만을 하며 환불 받을 수 있다는 것입니다. 하지만 프로는 그것을 알아보지 못한 것 때문에 비웃음을 사게 될 것을 깨닫고 그저 눈물을 흘리며 잠들 수밖에 없다는 것입니다. 그렇기 때문에 위조품을 구입하는 씁쓸한 경험을 거듭할 때마다 '제길, 이젠 절대 속지 않을 거야' 라며 안목을 높이기 위해 열심히 공부를 한다는 것입니다.

실패를 실패로 인정하고 같은 잘못을 두 번 다시 범하지 않도록 새롭게 결심을 하는 것에서부터 골동품 전문가로서의 깊이가 생깁니다.

비즈니스계도 이와 같은 것으로, 적극적으로 일을 하려고 할수록 많은 난관에 부딪히게 됩니다. 따라서 실패할 확률도 높아지는데 지도법에서는 실패를 커다란 재산으로 인식하려는 자세가 중요합니다.

실패 속에는 여러 가지 데이터들이 숨어 있습니다. 질문에 의해 숨겨진 데이터들이 드러나게 됨으로써 부하는 문제의 본질에 스스로 접할 수 있게 되는 것입니다.

예를 들어 당연히 성사시킬 수 있으리라고 생각했던 계약이 실패로 돌아갔을 때 어떤 경우를 생각할 수 있겠습니까?

> 상사: 전에 말했던 느낌이 좋다던 손님과의 계약은 성사되었나?
> 부하: 죄송합니다. 놓쳐버리고 말았습니다.
> 상사: 전하고 얘기가 다르잖아. 도대체 어떻게 된 거지?
> 부하: 다른 업자로부터 우리보다 좋은 조건의 견적서를 받은…….
> 상사: 좋은 조건이라고? 구체적으로 어떤 거지?
> 부하: 그건 잘 모르겠습니다만…….
> 상사: 그래서 어쩌겠다는 거야. 도대체 뭐 하고 있는 거야?

이런 대화를 하게 된다면 부하는 자책감에서 벗어나지 못하고 일에 대한 의욕도 잃고 말게 될 것입니다. 상사는 부하에게 왜 계약이 성사되지 않았는지 그 원인을 규명할 찬스를 줬어야만 하는데 그저 비난만 하고 있습니다.

실패의 이유를 언급함으로 해서 계약을 성사시키지 못했다는 마이너스 요인이 어떻게 변화해 가는지 그 차이에 주목해 주시기 바랍니다.

상사   전에 말했던 느낌이 좋다던 손님과의 계약은 성사되었나?

부하   죄송합니다. 놓쳐버리고 말았습니다.

상사   그래? 거 아깝군. 뭐가 문제였지?

부하   다른 업자의 견적서가 더 마음에 들었다고 합니다.

상사   그쪽 조건이 우리 조건보다 훨씬 좋았다는 얘긴가?

부하   제 생각으로는 그렇지만도 않은 것 같습니다만…….

상사   그런데 손님하고 처음으로 만난 게 언제였지?

부하   이번 달, 초순이었습니다.

상사   그 뒤에 계획서를 짰겠지? 그 계획서를 손님에게 제출한 것은 언제였지?

부하   열흘 뒤였습니다.

상사   계획서는 몇 개 정도를 만들었나? 몇 건 정도?

부하   3개입니다.

상사   3개라. 첫 검토에서라면 그 정도는 필요하겠지.

부하   네, 너무 많아도 오히려 혼란스럽기만 하니까요.

상사   그래. 그런데 그 계획서 중에서 손님이 마음에 들어하는 것이 있었나?

부하 네, 하나 있었습니다.

상사 마음에 들어하는 것이 있었다. 그래, 그 이후 자네는 어떤 식으로 손님과 접촉을 하고 있었지?

부하 좀 생각할 시간이 필요하다고 해서 전화를 기다리고 있었습니다.

상사 얼마나 기다리고 있었지?

부하 전화가 너무 없어서 일주일 뒤에 제가 연락을 해 봤습니다.

상사 그래서 어떻게 됐지?

부하 미안하지만 다른 업자에게 부탁을 했다는 겁니다. 정말 실망했습니다.

상사 손님이 양다리를 걸치고 업자를 비교하는 것은 흔히 있는 일이네. 손님의 전화를 기다리는 동안 뭔가 다른 일을 할 수 있지 않았을까?

부하 손님이 마음에 들어한 계획서를 바탕으로 새로운 제안을 하는 것이 가능했었다고 생각합니다.

상사 그거 좋은 생각인데.

> **부하** 바로 팩스로 보냈다면 이쪽에서도 노력하고 있다는 것을 어필할 수 있었을지도 모릅니다.
>
> **상사** 자네 말이 맞네. 다음부터 손님에게 그런 식으로 대응을 하면 어떤 변화가 있을 것 같나?
>
> **부하** 다른 회사보다 경쟁력에서 앞서리라고 생각합니다. 입찰에서 승리할 찬스도 많아지리라 생각됩니다.
>
> **상사** 그렇다면 다음부터 그렇게 해 보게.

이 대화에서 상사가 주목하고 있는 것은 실패했다는 사실이 아니고 '왜 실패하게 됐나' 하는 것입니다. 실패하게 된 경과를 물음으로 해서 부하에게 무엇이 잘못되었는가를 스스로 깨닫게 하는 것입니다.

원인은 기다리는 자세에 있었습니다. 손님으로부터의 전화를 기다리기만 하다가 지쳐서 전화를 했을 때는 이미 다른 데로 결정이 난 뒤였습니다.

부하에게 자발성이 없다고 탄식하는 상사들도 대부분 여기까지는 이야기를 끌고 갑니다. 하지만 그렇게 해서 얻은 원인을 가지고 부하를 책망하기만 합니다. 그래서 부하는 사과를 하지만 부하로부터 새로운 아이디어를 끄집어내거나 하지는 못하고 일은 막을 내리고 맙니다. 그 뒤에 남는 것은 어색함 뿐입니다. 정말 중요한 것은 그 뒤에 있습니다.

'왜'가 아닌, '무엇'으로 시작되는 질문에 의해 문제를 파헤쳐 가야 합니다. '손님의 전화를 기다리는 동안 뭔가 다른 일을 할 수 있지 않았을까?'라는 질문이 이에 해당합니다. 부하에게 생각할 기회를 제공하는 것입니다.

질책을 받고 있다고 냉정하게 판단하는 경우도 있겠지만 여기서는 긍정적인 태도로 앞으로의 일에 대해 이야기하고 있습니다.

같은 실수를 반복하는 부하에게는 질책도 필요하겠지만 신념을 가지고 한 일에서 실패한 경우에는 그 공을 인정해야만 합니다.

그리고 '실패한 것은 자네 탓이 아니네. 방법이 좀 안 좋았을 뿐이야'라고 말하십시오.

이 한마디로 부하는 용기를 얻게 될 것입니다. 그리고 당신에 대한 신뢰감이 높아지고, 당신의 기대에 부응하도록 노력할 것입니다.

상사의 한마디로 일에 임하는 자세가 변한다

 부하를 칭찬하는 데 인색한 상사가 있습니다. 쑥스럽기도 하고 본인을 앞에 놓고는 그런 말을 할 수 없다는 것입니다. 일은 당연히 잘 풀려야 하는 것이다라고 생각하는 사람일수록 부하를 칭찬하는 데 인색하고 회사라는 건 당연히 그런 것이라고 생각하고 있습니다.

 하지만 그 사고방식이 옳은 걸까요? 하물며 부하가 스스로 일을 추진해서 결과를 만들어내기를 바란다면 커다란 잘못이라고 말하지 않을 수 없습니다.

칭찬이란 행위는 단순히 상대의 행동에 대한 결과를 잘했다고 하는 것이 아닙니다. 그 행위의 주체인 인간, 즉 부하의 존재를 인정하는 것을 의미합니다. 따라서 칭찬 받은 부하는 결과에 만족함과 동시에 상사에게 인정을 받았다는 사실 때문에 자신을 얻게 됩니다. 그 자신감이 적극적인 사고방식과 행동의 원천이 되는 것입니다.

예를 들어 회의의 의사록을 작성하는 일을 부하에게 맡겼다고 합시다. 부하가 생각보다 빨리 일을 마쳤습니다.

> 부하 과장님, 이전 회의의 의사록입니다. 약속한 날보다 좀 빨리 마쳤습니다만 한 번 봐주십시오.
>
> 상사 벌써 끝났나? 빠르다고 좋은 게 아니야. 어디 한 번 보자.
>
> 부하 네, 제 나름대로 열심히 했습니다.
>
> 상사 음, 언뜻 보기에는 문자가 너무 많은데. 시각화에 좀더 신경을 써줬으면 했는데. 그래프나 표를 이용할 수도 있지 않았겠나?
>
> 부하 최대한으로 적용했다고 생각합니다만…….

> 상사 생각만으로는 안 된다고. 실제로 적용을 하지 않으면 소용이 없지. 다시 만들어 와.
> 부하 네, 알았습니다.

이런 식이라면 '뭐하러 열심히 만들었나' 하는 생각이 들 것입니다. 이 부하는 두 번 다시는 정해진 기한보다 빨리 의사록을 만드는 일은 없을 것입니다. 기한까지 기다렸다가 상사가 어쩔 수 없이 받을 수밖에 없는 시점에 제출을 할 것입니다.

사람은 누구나 상대의 장점보다는 단점에 주목하기 쉽습니다. 또 단점을 지적하기가 더 쉽기 때문에 상사는 깊이 생각하지 않고 부하의 단점을 말하는 경우가 많습니다.

그 결과 부하는 의욕을 잃게 되는 것입니다. 그렇기에 칭찬의 효용에 대해 좀 더 진지하게 생각해 봐야 할 것입니다.

> 부하 과장님, 요전 회의의 의사록입니다. 약속한 날보다 좀 빨리 마쳤습니다만 한 번 봐주십시오.
> 상사 응? 벌써 작성했나? 대단한데. 고생 많았겠군.

부하   네, 디스켓에 담아서 집으로 가져가 집에서도 일을 했거든요.

상사   그렇게 열심히 하는 것을 알고 있었기 때문에 자네에게 맡긴 거네. 어디 한 번 볼까.

부하   네, 여기있습니다.

상사   음, 노력한 보람이 있는데. 아주 잘 만들었어. 그 힘들었던 회의가 눈에 보이는 듯하네. 자네는 어떻게 생각하나? 이 의사록에 대해서.

부하   글쎄요. 지금 생각으로는 좀더 시각적으로 만들도록 궁리를 했으면 좋았을 것이라는 생각이 듭니다.

상사   시각적으로. 그렇군. 그래프나 표를 활용하자는 거지? 그러면 어떻게 바뀔 것 같나?

부하   좀더 보기 편해지고 전체적인 흐름도 쉽게 파악할 수 있을 것 같습니다.

상사   그렇게 되면 완벽한 것 아닌가? 잘 지적했네. 그래, 자네는 어떻게 할 생각인가?

부하   괜찮으시다면 다시 손을 봐서 가져오겠습니다. 항목별

> 타이틀도 글자 크기를 바꾸면 좀더 멋있는 의사록이 될 것 같습니다. 다시 해 보겠습니다.
>
> 상사 기한 전이니까 상관 없지. 역시 자네에게 맡기길 잘 했네.

칭찬으로 시작한 이 경우에서는 부하의 자신에 찬 모습이 눈에 보이는 듯합니다. 그리고 '회의가 눈에 보이는 듯하네'라고 이미지의 스킬도 동원해서 부하의 마음을 사로잡고 있습니다. 그리고 부하를 다시 칭찬한 후, 의사록에 대한 평가를 부하 자신이 행하도록 한 점에 주목해 주십시오.

상사로부터 충분히 이해받고 있다고 생각한 부하는 더욱 더 자신감을 얻어 새로운 제안이 자신에게 마이너스가 되리라고는 생각지도 않습니다. 오히려 상사가 잘 받아들였기 때문에 더욱 더 새로운 개선 방법을 스스로가 말하게 된 것입니다.

결과적으로는 서류를 다시 고치게 되고 말았지만 이것은 내용을 수정하는 것이 아닙니다. 스스로가 개선점을 발견하여 자발적으로 완성도를 높이는 작업입니다. 꾸중을 하는 것은 간단한 일입니다. 하지만 간단하다고 해서 그것에 휩싸인다면 부하는 성장하지 못할 뿐 아니라 그 능력도 발휘하지 못하게 됩니다. 그리고 무엇보다도 꾸중으로 인해 스트레스가 쌓이는 것은 당신 자신일 것입니다.

  부하의 장점을 잘 파악했다가 가만히 어깨를 떠미면, 그 힘으로 부하는 커다란 용기를 얻게 될 것입니다. 그 결과 그 전까지는 시도하려고 생각지도 않았던 일에 과감하게 도전하게 될 것입니다.

상대에 따른 효과적인 칭찬법이 있다

그 전까지 커다란 실적이 없었던 부하가 처음으로 커다란 계약을 성사시켰다는 보고를 받고 당신은 '수고했네. 큰 계약을 성사시켰군' 이라며 칭찬을 했습니다.

칭찬을 하면 기뻐할 것이라고 생각하지만 개중에는 좀 다른 표정을 짓는 부하가 있습니다. 특히 논리적으로 사물을 바라보려는 습관을 가지고 있는 아날라이저 스타일의 부하는 기뻐하지 않을 뿐만 아니라 반발하는 경우까지 있습니다.

어째서 이런 일이 일어나는 걸까요?

'정말 대단하군', '멋지게 해냈어', '믿음직하다니까' 라는 등의 칭찬은 상대에 대한 주관적인 견해를 말하는 것입니다.

그렇기 때문에 상사는 '정말 수고했다' 라고 생각해서 칭찬을 해도 부하는 내심 '그렇게 힘들지도 않았는데 왜 이렇게 호들갑이야' 라고 느끼는 경우도 있습니다.

양자의 마음에 온도차가 있으면 공감대를 형성하기 힘듭니다.

하지만 주관적이 아니라 상대가 실제 행한 행동의 결과를 놓고 그것을 인정한 경우는 어떨까요?

'끝까지 혼자서 다 해내지 않았나?' 라는 칭찬은 주관적인 감상이 아닙니다. 실제로 부하가 계약 작업을 마지막까지 행한 사실을 인정하고 있는 것입니다. 이것은 단순히 잘했다고 하는 것이 아니라, 구체적인 행동을 언급하고 있다는 점에서 좀더 차원 높은 칭찬이 되는 것입니다.

이것을 지도법에서는 '승인' 이라고 말합니다. '커다란 이익을 올렸다', '전보다 보고의 횟수가 늘었다', '커다란 목소리로 인사를 하게 되었다' 등, 이 모든 것은 상대에게 실제적으로 나타나게 된 변화나 성장의 결과를 객관적으로 표현한 것입니다. 그것을 언어로 표현해 상대에게 전달하는 것인데, 이때 부하는 애매한 칭찬의 말을 들었을 때보다 더욱 커다란 성취감을 느낄 수 있을 것입니다.

또 자기 자신은 바람직한 변화나 성장의 조짐을 눈치채지 못하고 있는 경우도 있습니다. 예를 들자면 '상대의 눈을 보며 얘기하게 되었다'는 등의 일은 본인도 알지 못하고 있는 경우가 많습니다. 이런 경우에는 지도를 행하며 적극적으로 승인을 부여합니다. 이로써 부하는 자신의 성장을 처음으로 알게 되고 성취감을 맛볼 수 있게 됩니다.

이와 같이 승인은 지도를 실시하는 데 있어서 매우 효과적인 스킬이라는 것을 알 수 있습니다. 실제에 활용하는 경우에 있어서는 전달할 때의 포지션(지위)에 따라 3가지의 방법이 있습니다.

1. 자기편이라고 느끼게 하는 'I 메시지'에 의한 승인

부하의 행동이 자신에게 어떤 영향을 미쳤는가를 상대에게 전달하는 승인을 'I 메시지'라고 합니다.

"자네의 일하는 모습을 보면 나도 의욕을 느끼게 된단 말이야."

"이전 회의에서의 보고는 아주 유익한 것이었네. 내게도 많은 참고가 됐네."

위의 예는 부하의 행동이나 행위의 결과가 상사에게 어떤 인상, 영향을 주었는지를 명확하게 이야기하고 있습니다.

이 승인은 상당히 강력한 메시지성을 가지고 있습니다. 부하의 행동 자체에 대한 평가가 아니라 자신이 느낀 사실을 말하고 있는 것이기 때문에 부하는 부정할 수 있는 위치에 서질 못합니다. 따라서 이 메시지는 직접적으로 상대의 마음에 감동을 주고 상사와 부하 사이에 매우 강한 공감대를 형성하게 해줍니다.

부하의 행동을 파악하고 그 사고방식에 대한 이해를 표명하는 상사에게 있어서 I 메시지의 발언은 그다지 어려운 것이 아닙니다. 그 부하에 의해 격려를 받은 적이 있거나 그 때문에 기분이 밝아진 적이 있다면 그것으로 충분한 것입니다.

> 부하　과장님 어제, 일요일에 낚시를 다녀왔습니다.
>
> 상사　오, 낚시라.
>
> 부하　참돔 세 마리에 벵에돔을 잡았습니다. 굉장한 수확이죠?
>
> 상사　낚시도 좋지만 일은 어떻게 되어가고 있지? 그럴 새가 있으면 빨리 보고서를 올리게.

캐치볼로서의 대화가 성립되지 않고 있을 뿐만 아니라, 상사는 기분이 좋은 부하의 기를 꺾고 있습니다. 한 주일이 시작되려고 하는 월요일 아침부터 이런 상태라면 그 주의 일에 임하는 부하의 마음이 걱정되기까지 합니다.

> 부하　과장님 어제, 일요일에 낚시를 다녀왔습니다.
>
> 상사　오, 낚시라.
>
> 부하　참돔 세 마리에 벵에돔까지 낚았습니다. 굉장한 수확이죠?
>
> 상사　이야, 자네의 기뻐하는 모습을 보니 나까지 기뻐지는데. 좋은 취미를 갖고 있는데.

> 부하　다른 건 잘하는 게 아무것도 없어서……. 다음에 과장님도 한 번 같이 가시겠습니까?
>
> 상사　옛날에 친구와 함께 몇 번 간 적은 있지만……. 그래, 지금 고비를 맞고 있는 그 건의 계약이 성사되면 같이 가 볼까?
>
> 부하　정말입니까? 그럼 그 건은 제게 맡겨두십시오. 무슨 일이 있어도 성사시켜서 과장님과의 선상 대결을 실현시킬 테니까요.
>
> 상사　좋아. 그럼 빨리 보고서를 올리게.
>
> 부하　알겠습니다.

하얀 바탕으로 강조된 부분이 I 메시지에 의해 상사가 부하의 의견을 승인하는 장면입니다. 일과는 관계없는 부분인데도 굳이 승인하고 있습니다. 이 승인으로 인해 부하는 상사와의 공감대를 형성하게 되고 자신의 편이 되어줄 사람이라고 생각했기 때문에 함께 낚시를 가자고 말하고 있는 것입니다. 이에 대해 상사는 질문의 형식을 취하면서 하나의 제안을 하고 있습니다.

부하는 취미 얘기를 했는데 어느 틈엔가 일에 대한 적극적인 모습을 스스로가 보이고 있습니다. 부하의 마음을 밝혀주는 I 메시지의 효과는 시험해 보면 바로 이해할 수 있는 것입니다.

2. 격려받고 있다고 느끼게 하는 'YOU 메시지'에 의한 승인

'자네는 정말 우수해'라는 진심어린 말을 듣고 화를 낼 사람은 아무도 없습니다. 이처럼 '자네는 ~다'라고 전달하는 것이 'YOU 메시지'입니다. 하지만 자칫 잘못하면 부하를 회유하기 위한 수단이 되어버리는 위험성을 갖고 있기도 합니다.

'자네는 우수하단 말이야. 기대하고 있겠어'라고 상사가 말한 경우 그것이 무엇을 의미하는지 모르는 경우 부하는 당황하고 맙니다.

만약 평소에 마음이 잘 맞지 않던 상사가 그런 말을 했다면 오히려 불안을 느끼며 '그렇지 않습니다'라고 부정할지도 모르는 일입니다. 부하에게 귀찮은 일을 떠넘기려고 하는 좋지 못한 의도가 엿보인다면 더욱 더 그렇습니다.

또 상대를 칭찬하는데 '나하고는 달라서 자네는 패션에 센스가 있단 말이야' 라고 말한다면 이것은 비꼬고 있는 것에 지나지 않는 것입니다. 간만에 승인을 이용해 부하를 인정(Acknowledge)하려고 했는데 이래서는 역효과를 낼 뿐입니다.

YOU 메시지는 일상적으로 상용되고 있는 화법에 의한 것이기 때문에 보다 깊은 주의를 요합니다. 이런 승인을 받은 부하에게 그것을 납득시키고 의욕을 갖게 하려면 승인하는 쪽이 진솔한 마음을 갖고 있지 않으면 안 됩니다.

상대에게서 받은, 바람직하다고 생각되는 인상이 그대로 전달되도록 주의해야만 합니다.

"자네는 침착해 보여서 어디에 내놓아도 마음이 놓인단 말야."

"오늘 넥타이 색이 예쁜데."

"강한 인내심이 자네의 장점이란 말야."

"정말 열심히 해 주었네."

그렇게 말하는 얼굴에 미소가 가득하고 정면에서 눈을 마주하며 말한다면 부하의 의심은 사라져버리고 말 것입니다.

커다란 격려를 받은 부하는 마음의 갑옷을 벗을 준비를 하고 있을 것입니다.

단, YOU 메시지를 너무 많이 사용하지는 말아 주십시오. 마음 먹고 한 칭찬이 일을 떠넘기려고 하는 소리로 들리거나, 단순한 평가로 들리는 경우가 생기기 때문입니다. 진심으로 YOU 메시지를 전달하고 싶을 때만 실천한다면 반드시 마음을 감동시키는 말로 들릴 것입니다.

3. 조직에 공헌하고 있다고 느끼게 하는 'WE 메시지' 에 의한 승인

　늘 활기에 넘치던 부하가 감기에 걸려 회사에 나오지 못한 날, 부서의 분위기가 침체된 듯 느껴진 적은 없으십니까? 다음날 아침 그 사원이 출근해서 다시 활기를 되찾았다면 이렇게 말해주십시오.

"자네가 출근해 준 덕분에 과의 분위기가 다시 밝아졌는데. 못 나오는 동안 모두 침체돼 있었거든."

이처럼 한 사람의 존재가 전체에게 영향을 미쳐 바람직한 결과를 주고 있다는 것을 전달하는 것이 'WE 메시지' 입니다.

상대를 칭찬하여 사기를 높이려고 할 때, 대부분의 사람들은 깊이 생각하지 않은 채 YOU 메시지에 의한 발언을 하기 쉽습니다. '자네는 늘 명랑하군', '자네의 장점은 바로 그 명랑함이야' 라는 식으로 말을 던집니다.

하지만 앞에서도 지적한 바와 같이 YOU 메시지를 너무 많이 사용하면 본심이 그대로 전달되지 않고 상대에게 의심을 품게 하는 경우가 종종 있습니다.

일상의 대화에서도 그렇지만 상대에게 전달하려는 말에 진실함을 담아서 상대가 의심할 여지가 없도록 하는 방법이 있습니다. 제3자의 말을 간접적으로 전달하는 식의 방법이 그것입니다.

> 상사 　일전의 신규 고객 획득 캠페인 때는 정말 수고가 많았네.
> 부하 　아닙니다.
> 상사 　겸손할 필요 없어. 이건 부장님께서 하신 말씀이니까.
> 부하 　부장님이요?
> 상사 　응, 캠페인 마지막날 부장님과 함께 있었거든. 그때 부장님이 자네의 얘기를 하셨네. 정말 잘했다고, 영업2과

> 의 핵심으로서 앞으로도 수고해주길 바란다고 전해달라고 하셨네.
>
> 부하 정말입니까. 역시 윗사람들은 모두 살피고 있군요.

제3자에게 들었다는 식으로 정보를 전달하는 경우 상대는 부정할 만한 자료를 갖고 있지 못하기 때문에 말 그대로 받아들일 수밖에 없습니다.

이 제3자의 집합체가 'WE'이고 거기서 나온 승인이 'WE 메시지'인 것입니다.

> 상사 일전의 신규 고객 획득 캠페인 때는 정말 수고가 많았네.
>
> 부하 아닙니다.
>
> 상사 겸손할 필요 없어. 이건 2과에서 누구나가 말하고 있는 사실이니까.
>
> 부하 정말이요?
>
> 상사 자네가 선두에 서서 깃발을 흔들어준 덕분에 분위기가 고조되었고, 또 밤늦게까지 준비해 주질 않았나. 그것을

> 보고 모두가 해보자는 마음을 갖게 됐다네.
>
> 부하   그렇지만도 않은데…….
>
> 상사   믿지 못하겠다면 누구라도 좋으니까 붙들고 물어보게.
>
> 부하   그렇게 말씀하시니 기쁩니다. 열심히 한 보람이 있었습니다.
>
> 상사   앞으로도 잘 부탁하네.
>
> 부하   네, 맡겨주십시오.

  제3자에 의한 보다 객관적인 승인이 복수형으로 이뤄진 경우. 이것이 WE 메시지인 것입니다. 상대에게 전달하는 정보의 신빙성이 더욱 높아집니다. 이처럼 WE 메시지는 I 메시지나 YOU 메시지와는 또 다른 특성 속에서 상대의 모티베이션을 높이는 효과를 가지고 있습니다.

3개의 승인을 어떤 식으로 활용해야 하나

'승인'을 상대에게 부여하는 행위는 단순히 상대를 '칭찬'하는 것과는 다릅니다. 승인으로 인해 부하의 의욕을 상승시키고 자발성을 이끌어내지 않으면 의미가 없는 것입니다.

그러면 3개의 포지션에 의한 승인을 실제의 장면에서 어떻게 활용해 부여해야 하는 걸까요? 그 흐름을 파악해 두면 상대와 더욱 친근감을 형성하게 되기 때문에, 지도를 더욱 원활하게 행하기 위해 승인의 흐름 파악은 필요불가결한 것입니다.

a. 부하의 실정을 파악할 것

부하가 현재 처한 상황을 정확하게 파악하여 전과 다른 점이 있다면 그 점에 주목합니다. 그 차이가 성장이나 바람직한 경우라면 승인을 부여해야 할 상황으로 인식합니다.

b. 알기 쉬운 말로 전달할 것

편견이나 선입관 없이 바라본 상대의 모습에서 느낀 것을 말로 표현합니다. 단, 바람직한 변화를 전달할 경우에는 다른 것과 비교하는 말을 해서는 안 됩니다. '전에 비해서……', '○○에 비해서……' 라는 식의 전달 방법은 상대적인 판단으로, 윗사람이 내리는 평가라고 받아들이기 쉽습니다. 언제까지나 상대의 현재 모습을 전달하도록 노력해야 합니다.

c. 상대의 반응을 놓치지 말 것

상대가 승인을 받아들인 것을 확인할 것. 겸손하게 말할 때도 있으므로 말만으로 판단하지 말고 표정이나 목소리의 울림 등도 놓치지 말 것. 힘 있는 눈빛으로 이쪽을 바라본다면 받아들인 것이라고 생각해도 무방합니다.

d. 거절 당할 경우도 있다는 것을 알 것

말로 확실하게 거절하고 시선을 맞추지 않는다면 그 승인은 받아들여지지 않았을 가능성이 높습니다. 하지만 받아들이지 않았다라는 사실로 상대가 안고 있는 문제의 존재가 분명해집니다.

중요한 것은 이 문제가 무엇인가를 파악하는 것. '그럼, 자네는 어떻게 생각하나'라고 오픈 퀘스천을 던짐으로써 문제의 본질을 명확히 합니다. 거절 당한 시점부터 지도가 시작된다고 생각하십시오.

e. 상대에게 이익이 되는 일을 생각할 것

상대가 도달한 일에 대한 포인트를 명확하게 제시함으로써 상대에게 성취감을 실감시킵니다. 원래 있던 자리에서 많이 전진했고 자신이 무엇을 목표로 나아가려고 하는가를 재인식하게 할 수 있습니다. 그것은 부하에게 있어서 커다란 이익이며 미래를 위한 커다란 재산이 된다는 것을 인식시킵니다.

생각해 보십시오. 아직 경험이 적은 부하가 당신 밑으로 배치되었을 때, 맨처음 그들은 무슨 일을 할 수 있었습니까? 이것은 일에만 해당되는 문제가 아닙니다. 처음에는 어딘지 불안해 보였는데 지금은 자신감을 가지고 행동하고 있지 않습니까?

오늘의 부하는 어제의 부하가 아닙니다. 당신은 그 점을 당사자인 부하보다 더 잘 알고 있어야만 합니다. 나날이 진보하고 있다는 것을 상대에게 전달해 '여기까지 오질 않았나' 라며 격려해 주십시오.

똑같이 8부 능선까지 온 부하라 하더라도 그때까지의 노력을 승인받은 부하와 전혀 승인받지 못한 부하와는 커다란 차이가 있습니다.

적극적으로 승인을 부여하면 부하는 자신감을 갖게 되고 괴로운 경우가 생기더라도 정상에 이르기까지 좌절하는 일은 없을 것입니다. 능숙하게 부하에게 승인을 부여하며 격려하는 상사는 정상을 향해 올라가는 등산자의 명가이드인 것입니다.

승인을 효과적으로 부여하는 3가지 포인트

지도법에 있어 중요한 위치를 차지하고 있는 승인이라는 스킬은 굉장히 유효한 것이기 때문에 지도법에 눈뜬 사람들은 이를 자주 사용하고 싶어합니다. 하지만 유효하다는 것은 동시에 동전의 양면성을 가지고 있다는 것을 의미하는 것입니다. 승인을 부여했는데 오히려 반감을 산다면 무엇을 위한 지도인지조차 모르게 될 것입니다.

그래서 적어도 다음의 3가지 포인트만이라도 확실하게 인식하여 긍정적인 효과가 발휘되도록 노력하지 않으면 안 됩니다.

1. 승인의 필연성

'요즘 수고가 많네' 라는 승인은 그 자체로는 아무런 문제도 없습니다. 하지만 사람에 따라서는 그것이 무엇을 의미하는지 얼른 이해하지 못하는 경우도 있습니다.

전후 관계가 분명하지 않고, 또 갑자기 말을 꺼냈기 때문에 '요즘'이 언제를 얘기하는 것인지, 무슨 수고가 많다는 것인지 이해할 수 없게 되는 것입니다. 이런 식의 방법으로는 효과가 없는 것은 말할 것도 없고 오히려 관계를 악화시키게 될지도 모릅니다.

또 '아, 그러고 보니 요즘……' 과 같이 억지로 갖다붙인 것 같은 인상을 주는 승인도 의미가 없습니다. 상대를 승인하는 것은 언제까지나 당신이 진심으로 그렇게 느껴 상대에게 전달해 주고 싶다고 생각하고 있을 때 행해야만 합니다. 즉 필연성이 없을 때는 행해서는 안 됩니다.

2. 승인을 도구로 사용하지 말 것

상대를 내가 생각한 대로 움직이게 하기 위한 도구로 승인을 사용하면 반발을 사거나 경계를 받거나 하는 경우가 생깁니다.

　진심에서 우러난 승인이 아니면 상대는 받아들이기 힘들 것이고 의심을 품게 될지도 모릅니다. 자신이 현재 도달해 있는 지점을 알 수 있게 하는 원천인 승인은 어떤 목적을 위한 수단이 되어서는 안 되는 것입니다.

　작위성을 갖지 않고 승인을 행한 경우라 할지라도 적절하지 못한 승인이라면 상대로부터 만족스런 반응을 얻기 힘들 것입니다. 이런 경우에는 깊게는 들어가지 마십시오. 대화의 캐치볼 정도에서 과감하게 마침표를 찍고 지도를 종결시키십시오.

3. 구체적인 일을 지적할 것

　칭찬은 그 내용이 구체적일수록 이미지를 환기시키는 힘이 커집니다. 그 이미지가 보다 설득력을 갖게 되며 칭찬 받은 것으로 인해 상대의 기분이 풀어지는 것입니다.

　그렇지만 막연한 칭찬의 경우에는 어떨까요?

　예를 들어 '자네는 참 좋은 사람이네' 라는 말을 그대로 받아들이는 사람은 없을 것이라고 봅니다.

　위의 칭찬이 I 메시지의 경우라면 상대의 어떤 행동·실적이 자신에게 이런 영향을 주었다라는 사실에 주목해야만 합니다. 특히 아날라이저 스타일인 사람들에게 이야기할 때는 추상적인 말은 피하고 구체적인 사례를 들어 설득력 있게 말하도록 주의해야 합니다.

'논버벨 커뮤니케이션'의 효과

채플린의 무성 영화를 보신 적이 있습니까? 막과 막 사이에 자막이 삽입될 뿐이고 그 이외에는 음악밖에 없습니다. 매우 단순하게 제작된 영화입니다. 그렇지만 장님인 꽃집 아가씨에게 반한 떠돌이(채플린)가 열심히 돈을 모으려고 하는 모습을 그린 〈거리의 등〉을 보고 눈물을 흘리시지는 않으셨습니까?

우리들은 일상에서 말에 의해 정보를 전달하고 의사소통을 하려고 합니다. 또 그렇게 하는 것에 조금도 의문을 가지려 하지 않습니다.

하지만 정보라는 것이 말에 의해서만 전달되어지는 것일까요? 결코 그렇지 않습니다. 인간은 상대의 태도, 표정, 몸짓 속에 담겨 있는 진의를 파악한 뒤에야 비로소 마음이 움직입니다.

언어를 사용하지 않는 의사소통을 '논버벨 커뮤니케이션(Nonverbal Communication, 언어를 사용하지 않는 커뮤니케이션)'이라고 합니다. '눈은 입 이상으로 의사를 전달한다'는 것입니다.

예를 들어 부하에게 승인을 부여하는 경우를 생각해 보십시오. 당신은 무엇을 칭찬해야 할까 그것에만 온통 신경을 쓰고 있지는 않습니까?

말로 칭찬을 하고 있는 상사가 태도에서도 부하와 공감하고 있다는 모습을 보인다면 승인은 더욱 커다란 효과를 발휘하게 될 것입니다.

1. 페이싱의 효과

상대의 말을 반복함으로써 공감대를 형성할 수 있다는 것은 앞에서 설명했습니다. 이것은 몸짓이나 태도에서도 같은 효과를 기대할 수 있습니다.

상대가 미소지었다면 당신도 미소를 지으십시오. 상대가 앞에 있는 커피 잔으로 손을 뻗는다면 당신도 커피 잔을 잡아 보십시오. 표정, 몸짓을 마치 거울에 비추고 있는 것과 같이 재현하면 친밀감이 생겨납니다.

이것이 '페이싱'이라 불리는 지도법 스킬입니다. 재미있는 것은 (이 페이싱을 행할 때) 상대는 거의 눈치를 채지 못한다는 것입니다. 한 박자 정도 늦게 행동함으로써 거부감 없이 페이싱을 행할 수 있고 상대는 그 자리에서 편안함을 느끼게 됩니다.

그 증거로 서로의 마음을 잘 알고 있는 부자간이나 부부의 행동을 관찰해 보면 평소에 수많은 페이싱이 이루어지고 있습니다.

시험 삼아 부인의 행동을 관찰해 보십시오. 당신의 행동을 모방하는 듯이 움직이거나 표정이 변하는 것을 확인할 수 있을 것입니다.

이것은 여담입니다만, '닮은 꼴 부부'라는 말은 두 사람 사이에 아무런 응어리도 없는 부부관계를 이르는 말입니다. 페이싱이 자연스럽게 행해질 만큼 사이가 좋다는 의미입니다.

2. 표정이나 목소리의 변별화를 꾀하자

애완동물을 귀여워하는 사람들은 자신이 기르고 있는 개가 사람의 말을 알아듣는다고 자랑하곤 합니다.

주인은 어째서 개가 사람의 말을 알아듣는다고 생각하게 되는 것일까요? 개는 사람의 말을 언어가 아닌 음성으로 듣고 있는 것입니다. 높은 음성인지, 낮은 음성인지, 빠른 어조인지 그리고 어떤 상황에서의 말일까를 생각합니다. 음성의 차이로부터 사람의 감정을 읽고 혼나고 있다고 느껴지면 방구석으로 가 쭈그리고 앉아 마치 반성하고 있는 것처럼 행동하는 것입니다.

표정이나 음성의 변별화가 의식에 커다란 영향을 주는 것은 인간에게도 마찬가지입니다. 부하에게 '할 얘기가 있는데 이쪽으로 좀 와주게나' 라고 말했다고 합시다. 이 말을 들은 부하는 머릿속에서 어떤 이미지를 떠올리게 됩니다.

낮은 목소리로 이야기를 하고 어미를 더욱 낮은 소리로 이야기하면 틀림없이 좋지 않은 이야기일 것이라고 생각합니다. 상사의 입언저리가 굳어져 있는 것을 본다면 틀림없을 것이라고 생각할 것입니다.

반대로 같은 내용의 말이라 하더라도 들뜬 어조로 입언저리에 미소를 띄우며 말하면 '좋은 소식임에 틀림없어' 라고 생각합니다.

이와 같이 표정이나 목소리의 톤에 귀를 기울이면 얘기하는 사람의 본심을 알게 되는 것입니다.

당신이 부하를 대하면서 승인을 부여하는 칭찬의 말을 했음에도 불구하고 반응이 좋지 않을 경우가 있을 것입니다. 적절하지 못한 승인을 한 경우가 아니라면 부하는 당신의 표정이나 목소리의 톤에서 경계심을 품었을 가능성이 있습니다.

'과장님 말은 저렇게 하지만 속으로는 다른 생각을 하고 있음에 틀림없어. 조심해서 대하는 게 좋을 것 같다'

부하에게 이런 생각을 갖게 한다면 지도는 실패하고 맙니다. 칭찬할 때는 자신도 기쁘다는 감정을 목소리에 실어 함께 기뻐하고 있다는 자세를 보여야 합니다.

반대로 승인을 행한 후의 부하의 반응에도 주의를 기울이십시오.

'감사합니다. 영광입니다' 라고 대답은 하고 있지만 시선은 밑을 향하고 있고 우물우물하는 목소리라면 정말로는 기뻐하고 있지 않다는 증거입니다. 이런 때는

"나는 좋다고 생각하는데 자네 생각은 어떤가? 들려주지 않겠나?"

라고 질문을 던져보십시오.

부하의 마음 속에 걸려있던 가시가 겉으로 드러나게 되어, 새로운 문제 해결의 찬스를 잡을 수 있을 것입니다.

부하의 '문제점'과 '해결책'을 이끌어내는 면접의 예

 지금까지는 지도법의 기술을 소개하면서 그 실례도 보아 왔습니다. 이번 장에서는 '상대를 칭찬하는 승인'에 대해 생각해 보겠습니다. 이쯤에서 이런 스킬들을 종합해서 지도를 행하면 어떤 효과가 나타나는 것인지 궁금해하실 분도 있을 것입니다.
 예를 들어 일을 할 때 서로 대화를 주고받고 있는 부하가 무슨 생각을 하고 있는지, 어떤 이미지를 그려가며 일을 하고 있는지에 대해서 알고 있습니까?

실은 많은 상사들의 고민의 씨앗은 바로 이 '부하의 속을 모르겠다' 라는 것에 있습니다.

그래서 부하의 본심을 알기 위한 지도법의 예를 하나 소개하려고 합니다. 면접을 6개월에 한 번 행한다고 가정하는 동시에 자신이 상사라고 생각해 보기 바랍니다.

〈장면 A〉

상사: 전에 자네가 알려 준 경제관계 서적 정말 많은 도움이 됐네. *(승인·리소스)*

부하: 아, 읽으셨습니까?

상사: 책 읽는 것이 취미인가? 평소에는 어떤 책을 읽지? *(리소스·오픈퀘스천)*

부하: 미스테리 물을 좋아합니다. 그 다음으로는 비즈니스 관련 서적을 읽습니다.

상사: 비즈니스 관련 서적? 역시 다르군. 자네가 열심히 일하고 있는 모습을 떠올려 보니 이해가 가는군. *(승인·시각화)*

부하: 다른 재미있는 책을 발견하면 소개해 드리겠습니다.

상사: 고맙네. 그건 그렇고 이번 목표에 대해서 얘기를 좀 하 *(리소스·오픈퀘스천=전제)*

> 고 싶은데 괜찮겠나?
>
> 부하 네, 어떤 일입니까?
>
> 상사 **(승인)** 자네 요즘 정말 수고가 많네. 특히 얼마 전에 커다란 계약을 성사시킬 수 있었던 것은 자네의 공로 덕이네. 나는 앞으로도 자네에게 기대를 하고 있겠네.
>
> 부하 감사합니다. 과장님께서 그렇게 말씀해 주시니 기쁩니다.

먼저 '승인'에 의한 지도에의 도입을 꾀하고 있습니다. 부하가 거부감 없이 응한 것을 받아서 취미에 대한 이야기를 하며 공감대를 형성한 뒤, 일에 대한 이야기로 넘어가고 있습니다.

여기서도 사전에 일에 대한 승인과 시각화를 함께 행한 다음, 전제를 사용하여 그 다음에 이어질 마이너스 요인의 화제를 저항감 없이 받아들이도록 궁리하고 있다는 것을 볼 수 있습니다.

〈장면 B〉

상사 (오픈 퀘스천) 그런데 이번 목표에 한해서만은 전체와 비교해서 달성률이 좀 떨어지는데. 무엇이 부족했다고 생각하지?

부하 저도 느끼고 있던 점입니다. 좀더 다른 식으로 계획을 짜서 주도면밀하게 임했으면 좋았을 것이라고 생각하고 있습니다.

상사 (오픈 퀘스천) 구체적으로 말하자면 어떤 것이지?

부하 3개월 정도 앞을 내다본 좀더 자세한 영업 전망이 필요했었다고 생각합니다.

상사 (오픈 퀘스천) 그것에 관해서는 전번 면접에서도 이야기를 했었지? 그것에 대해서 자네는 어떻게 생각하나?

부하 머리로는 이해하고 있었지만 제대로 실행을 하지 못했습니다.

상사 (오픈 퀘스천) 어떻게 하면 구체적인 영업 전망이 나오겠나?

부하 글쎄요. 좀 어려운 문제이기는 하지만 불가능하지는 않을 것 같습니다.

상사 (오픈 퀘스천) 지금 어떤 생각을 하고 있지?

부하 어시스턴트를 능숙하게 이용하지 않으면 안 될 것입니다.

> (승인)
> 상사 : 음, 그것에는 나도 동감하네.
> 부하 : 어시스턴트를 잘 이용하면 보다 효과적으로 일을 진행할 수 있으리라 생각합니다.
> (제안)
> 상사 : 그래. 그것을 자네의 목표 중 하나로 잡는 것은 어떻겠나?

여기에서의 포인트는 힐문이 아닌 오픈 퀘스천으로 부하의 생각을 이끌어내려고 하고 있다는 점에 있습니다. 좀처럼 아이디어가 나오질 않는데도 상사는 강한 인내심을 가지고 질문을 계속하고 있습니다. 그 결과 부하의 '어시스턴트를 이용한다'라는 생각에 승인을 부여해 자신감을 갖도록 하고 있습니다.

> 〈장면 C〉
> (오픈 퀘스천)
> 상사 : 그건 그렇고 요즘 마음에 걸리는 일은 없나?
> 부하 : 마음에 걸리는 일 말씀이십니까? 글쎄······.
> (오픈 퀘스천)
> 상사 : 어떤 일이라도 상관없네. 업무상의 문제도 좋고, 인간관계에서의 문제도 좋고, 개인적인 문제라도.

> **부하** 아! 듣고보니 요즘 제 개인 시간이 부족한 것이 좀 신경 쓰입니다. 요즘 일이 한꺼번에 몰리고 있어서요.
> **상사** 자네는 정말 잘해 주고 있어. 나도 인정하네. 나에게도 커다란 자극제가 되고 있어. 하지만 개인적인 시간도 중요하지. 충전할 시간이 필요하니까. **(승인)**
> **부하** 네, 그러지 못하는 것이 좀 안타깝습니다.
> **상사** 어떻게 하면 자유로운 시간을 가질 수 있겠나? **(오픈 퀘스천·청크 다운)**
> **부하** 좀더 효율적으로 일을 할 필요가 있다고 생각합니다. 우선은 야근을 하지 않고 정시에 퇴근하는 날을 만들면 어떻겠습니까?

 첫 오픈 퀘스천에서 상사는 부하에 대한 배려를 잊지 않고 있습니다. 그렇게 함으로 해서 부하는 상사에게 신뢰감을 느끼고 마음의 벽을 허물려고 하고 있습니다. 그런 기분을 북돋우는 스킬이 승인과 청크다운입니다. 부하는 자신의 일하는 모습을 되돌아보고 문제 해결을 위한 모색을 시작했습니다.

〈장면 D〉

상사 (오픈 퀘스천) 그래서 어떻게 하면 효과적으로 일을 할 수 있을 것 같나?

부하 일을 마치는 시간을 확실하게 정해 놓는다든지…….

상사 (승인·오픈 퀘스천) 그런 생각도 아주 중요하지. 다른 생각나는 것은 없나?

부하 출근을 하면 먼저 그날 해야 할 일의 리스트를 만드는 것입니다.

상사 (승인·오픈 퀘스천) 그것도 좋은 생각이군. 또 무엇이 있을까?

부하 글쎄요…….

상사 (제안) 이건 어떤가? 일을 혼자서 끌어안고 있는 건 좋지 않네. 누군가와 상담을 한다든지 위임할 수 있는 일은 다른 사람에게 부탁한다든지 하는 방법은 어떻겠나?

부하 맞는 말씀입니다. 그러기 위해서는 어시스턴트를 잘 활용해야만 합니다.

상사 (오픈 퀘스천) 어시스턴트를 잘 활용하기 위해서는 무엇이 필요할까?

부하 역시 인간관계 아니겠습니까? 평소부터 커뮤니케이션에 주의를 기울여야만 할 것입니다.

상사 (오픈 퀘스천) 그래. 커뮤니케이션이 중요하지. 그럼 어떻게 하면 커뮤

> 니케이션을 개선할 수 있겠나?
>
> 부하 우선은 커뮤니케이션을 가질 시간을 늘려야 한다고 생각합니다.
>
> 상사 어떻게 늘린다는 거지? 이건 내 생각인데 하나 제안해도 괜찮을까? (전제)
>
> 부하 네, 꼭 들어보고 싶습니다.
>
> 상사 좀더 의식적으로 말을 걸면 어떻겠나? 간단한 일에라도 그 성과를 인정하고 칭찬을 한다든지. (오픈 퀘스천·시각화)
>
> 부하 틀림없이 기쁜 마음으로 일에 임하게 될 것입니다.

오픈 퀘스천에 의한 청크다운을 바탕으로 하며, 제안과 승인을 번갈아 사용해서 부하로부터 여러 가지 아이디어를 이끌어내려고 하는 장면입니다. 부하가 내놓은 안이 채택하기에 충분하지 않은 것이라 하더라도 상사는 결코 부정을 하지 않습니다.

오히려 승인을 부여함으로써 새로운 발상을 계속 내놓게 하여 부하의 내면에 잠들어 있던 아이디어를 이끌어내려고 노력하고 있습니다. 아이디어가 구체성을 띠기 시작한 단계에서 상사는 더욱 새로운 제안으로 문제를 파헤쳐 부하에게 제시하고 있습니다.

〈장면 E〉

상사 (승인·오픈 퀘스천)
그래, 나도 같은 생각이네. 지금 자네는 여러 가지 아이디어를 냈네. 그 중에서 어떤 것을 가장 먼저 시작해 보고 싶나?

부하
우선은 어시스턴트와 매일 아침, 5분이라도 좋으니까 회의를 하고 싶습니다. 그때 그날 해야 할 일의 리스트를 작성하고, 하루에 한 번은 어시스턴트를 칭찬해야겠다고 생각합니다.

상사 (시각화)
그것을 3개월 정도 계속하면 어떤 효과가 있을까?

부하
시간적인 여유가 생길 것이라고 생각합니다. 어시스턴트와의 관계도 원만해질 것이고 일이 지금보다 훨씬 즐거워질 것입니다.

상사 (승인)
아주 바람직한 방향이군. 그렇게 해보지 않겠나? 난 언제든지 자네와 이야기할 준비가 되어 있네.

부하 네, 알겠습니다.

부하는 상사에게 인도를 받아 현재의 문제점을 스스로 찾아내고 그에 대한 대처법도 나름대로 제시하고 있습니다.

그의 머릿속에는 매일 밝고 명랑하게, 만족감을 느끼며 일하고 있는 자신의 모습이 그려져 있습니다. 상사는 마지막 부분에서 그 모습을 부하의 머리에 확실하게 심어줘, 전진을 위한 에너지를 주입하고 있는 것입니다.

당신이 부하와 면접할 때는 어떻습니까? 면접 후, 부하가 희망을 갖게 됩니까? 아니면 표정에서 생기가 사라지고 고개를 숙인 채 방에서 나가게 됩니까?

부하가 의욕을 갖고 스스로 문제에 대처해 나가기를 진심으로 바란다면 지도의 방법들을 꼭 활용해 보십시오.

언어는 자신의 감정을 싣는 자동차와 같습니다. 그곳에 실어야 하는 것은 명령이나 지시, 질책이 아니라 애정과 격려입니다. 그런 마음을 부하가 알게 되면 틀림없이 당신의 기대에 부응하게 될 것입니다.

5장

'목표'를 설정함으로써
얻어지는 이점,
달성시키기 위한 노하우

어떻게 해야 목표를 달성하려는 마음이 생기는 것일까

이런 근본적인 질문에 미국의 심리학자 마즈로는 '욕구'라고 대답했습니다. 예를 들어서 전쟁을 경험한 세대들은 전쟁이 끝난 후, 먹고 싶다는 욕구를 충족시키기 위해서 일자리를 구했고 열심히 일을 했습니다.

하지만 인간은 단순하게 기본적인 욕구가 충족되었다고 해서 만족하는 동물은 아닙니다. 식욕이 충족되면 이번에는 쾌적한 생활을 바랍니다.

이와 같이 인간의 욕구에는 단계가 있다고 마즈로는 지적하고 다음과 같은 '욕구 5단계설'을 주장했습니다.

| 생리적 욕구

인간으로서 살아가는 데 있어서 가장 기본이 되는 욕구(식욕, 성욕, 수면욕 등).

| 안전에의 욕구

의식주에 불안을 느끼지 않고 안전, 쾌적한 나날을 보내고 싶다는 욕구.

| 친화에의 욕구

고립되지 않도록 다른 사람과의 관계를 유지하며, 다른 사람과 비슷한 삶을 영위하고 싶다는 집단 귀속의 욕구.

| 자아에의 욕구

자신이 집단 속에서 가치있는 존재로 인정받고 존경받고 싶다는 욕구(인지認知욕구).

| 자기실현 욕구

자신의 능력, 가능성을 발휘하여 창조적 활동과 자기 성장을 꾀하고 싶어하는 욕구.

인간은 이 5단계 욕구에 의해 행동을 하는 것입니다. 가장 고차원의 욕구라고 할 수 있는 '자기실현 욕구'는 그야말로 지금까지 설명한 지도법의 목적 그 자체라고 할 수 있을 것입니다.

상사는 부하가 커다란 성과를 거두기 바라고 있습니다. 하지만 당신은 부하에게 위에서부터 일방적으로 명령을 내리기만 하는 상사는 아닐 것입니다.

지도법을 통해 부하를 대하는 상사는 부하를 단순히 생산성을 높이기 위한 도구로만 보는 일은 없습니다. 부하를 인격이 확립된 개체로 인식하고 그 인격을 존중하면서 자발성을 이끌어내, 부하 자신의 가능성에 도전하기를 바라고 있는 것입니다.

다시 말하자면 당신은 지도를 행함으로 해서 부하의 인생을 응원하는 역할을 담당하고 있는 것입니다. 업무적인 면에서 지도를 행하고 있는데 어째서 인생을 응원하는 역할이 되는 것일까? 당신은 이런 의문을 품을지도 모르겠습니다.

회사에서 상사와 부하라는 입장에 있는 이상 틀림없이 그 목적은 일에 있어 얼마만한 성과를 올릴 수 있느냐에 집약될 것입니다.

오늘날 많은 기업들이 요구하고 있는 인재는 '자신이 생각해서 문제를 찾아내고 스스로가 문제 해결을 위해서 움직이는 사원' 입니다.

우리는 그를 위해서 지도를 행하는 것인데 비즈니스에서 대부분의 테마는 종국에는 '당신은 훗날 어떤 사람이 되고 싶습니까?' 라는 문제에 집약되어 있는 것입니다. 나는 이런 사람이 되고 싶다라는 이미지를 확실하게 그리도록 하여 그것을 획득해가는 것이 자기실현이라고 할 수 있을 것입니다.

단, 그것을 실현하기 위해서는 우리 앞에 산처럼 쌓여 있는 문제를 스스로의 힘으로 넘어야만 하고 또 보다 높은 차원의 문제에 도전해 나가지 않으면 안 됩니다. 그런 사람들에게 도움을 주는 것이 지도법입니다.

지도법에서는 '할 수 있었으면 좋겠는데' 라는 부하의 단순한 소망을 '틀림없이 할 수 있어'라는 확신으로 바꾸고 있습니다. 그 확신을 바탕으로 부하는 행동에 대한 욕구를 가지는 것입니다. 그렇기 때문에 목표 설정이라는 개념이 필요하게 됩니다.

이전과는 달리 '부하가 의욕에 넘치기 시작한 것 같다, 무엇인가 해보려는 마음을 느낄 수가 있다. 그렇게 느끼면서도 부하가 좀처럼 실행을 하려 하지 않는다' 라고 불만을 품는 분도 있을지 모르겠습니다.

곧 부하가 움직여줄 것 같다라고 느껴지는 시점까지 왔다면 단순히 부하가 움직여 주기를 기다리는 것이 아니고 목표를 보다 구체화할 필요가 있습니다. 목표를 스스로 설정하여 도달해야 할 지점을 명확히 한다면 인간은 옆에서 아무런 말을 하지 않아도 움직이게 되어 있습니다.

지도에 의해 부하가 목표를 갖게 한다는 것은 함께 산을 오르는 부하에게 정상을 손가락질로 보여주는 것과 같은 것입니다. 피곤해서 이제 더 이상 다리를 움직일 수가 없다고 약한 소리를 하던 부하는 손가락 끝이 가리키는 정상을 보고 마지막 남은 힘을 짜내게 될 것입니다. 그렇게 된다면 정상에 오르는 것은 시간 문제입니다.

하나의 목표를 달성한 부하에게 이렇게 말해 보십시오.

"어때? 기분 좋지? 하지만 저쪽에 더 높은 산이 있네. 저 산 위에서 내려다보는 풍경은 정말 절경일 거야."

부하는 눈을 반짝이며 다른 산에 오를 준비를 시작할 것입니다. 하나의 목표를 달성해 거기서 오는 만족감을 맛본 사람은 또 다른 만족감, 성취감을 찾아 미지의 산에 과감하게 도전하게 되는 것입니다.

목표를 설정함으로써 얻어지는 7가지 이점

한 기업의 임원에게 '어떻게 해야 부하가 진심으로 목표를 달성해야겠다는 마음을 갖게 될까요?' 라는 질문을 받은 적이 있었습니다. 회사에는 여러 가지 목표가 있습니다.

매출액은 말할 것도 없고 상품의 기획에서부터 개발, 제조 그리고 납품 등의 분야에도 명확한 목표치가 사전에 설정되어 있습니다. 목표가 설정되어 있는데도 부하는 생각한 대로 움직여주질 않습니다. 이것만큼 상사의 신경을 건드리는 일도 없습니다.

그럴 때 당신은 부하와 어떤 대화를 주고받습니까?

> 상사   안타깝게도 이번에는 성적이 별로 좋지 않네. 다음에는 이 숫자를 목표로 해서 노력해 주길 바라네
>
> 부하   네? 목표액이 이번보다 더 높게 잡혀 있질 않습니까? 이건 어렵습니다.
>
> 상사   그거야 해보지 않으면 알 수 없는 것 아닌가?
>
> 부하   이번에도 달성하지 못한 목표를 어떻게 다음에 달성할 수 있으리라 생각하십니까?
>
> 상사   이번 이상으로 노력한다면 가능할 거야.
>
> 부하   만약 달성하지 못하면 어떻게 됩니까?
>
> 상사   그때는 자네들이 열심히 노력하지 않았다는 생각이 들겠지. 당연히 고과에 영향을 줄 걸세.

말하는 방법에 조금씩 차이가 있을지는 몰라도 대부분의 사람들은 '목표가 정해져 있으니까 열심히 해'라는 식으로 밀어붙이고 있을 것입니다. '열심히 해'라는 말을 주문처럼 되뇌면 어떻게든 된다고 생각하고 있다면 부하의 마음은 점

점 더 멀어지기만 할 것입니다.

중요한 것은 목표를 설정하고 그 목표를 향해 노력하는 것이 어떤 의미가 있는 것인가를 부하에게 잘 이야기해야만 한다는 것입니다.

그리고 그 목표가 회사나 다른 사람을 위한 것이 아니고 자신을 위한 목표점이라는 것을 납득하도록 해야 합니다.

그래서 지도가 필요한 것인데 다음의 7가지를 잘 기억한 다음 부하와 진지하게 마주하기를 바랍니다.

1. 에너지가 한곳으로 집중된다

예를 들어서 누군가에게 '이 서류 복사 좀 해 두게' 라고 부탁했다고 합시다. 간단한 일이기 때문에 싫은 표정을 짓지 않고 일을 맡습니다. 하지만 간단한 것이니까 언제라도 할 수 있다고 생각하고 일을 뒤로 미루어버리는 수도 있습니다.

기한이 정해져 있는 것이라면 이런 일은 피할 수 있을 것입니다. 중요한 일일수록 기일의 설정은 보다 중요성을 갖게 됩니다.

기한이라는 목표는 축구에서의 골대와도 같은 것입니다. 그곳을 향해 총력을 기울이기 위해서라도 목표는 필요한 것입니다. 목표가 확실하면 확실할수록 집중력이 높아지고 그 목표를 달성하려고 하는 강한 동기를 갖게 됩니다.

처리하지 않으면 안 되는 문제가 있을 때는 그것을 목표화 하면 해결하려고 하는 의욕을 손에 넣을 수가 있습니다. '실은 그렇게 하면 좋겠지만', '거기까지 이르면 좋겠지만' 이라는 단순한 희망이나 동경을 '해보고 싶다', '거기에 도달하고 싶다' 라는 강한 의지로 바꿔 전진을 위한 에너지로 삼는 것입니다.

2. 미래를 시각화한다

요즘에는 기업의 국제화로 인해 외국인과 접할 기회가 많아졌습니다. 그 때문에 회사로 강사를 초빙하여 영어 회화 강습을 하는 경우가 많아졌습니다. 하지만 어학에 자신이 없는 사람에게는 골치 아픈 문제 중의 하나입니다.

부하 저는 내년 토익에서 목표 점수를 딸 자신이 없습니다.

상사 왜 그렇게 생각하는 거지?

부하 학생 때부터 영어에는 자신이 없었습니다. 제게는 어학에 대한 능력이 없는 것 같습니다.

상사 그래도 회화는 커다란 문제 없이 잘 하고 있지 않나. 조금만 더 노력하면 되지 않을까?

부하 그런 생각이 들지 않는 것은 아니지만…….

상사 비즈니스 용어를 좀더 사용할 수 있도록 하면 좋겠는데. 미국의 바이어와 상담을 해서 커다란 계약을 성사시킨다면 어떤 기분일까?

부하 그거야 아주 기분이 좋겠죠.

상사 그때는 자네가 어떤 모습을 하고 있을 것 같나?

부하 자신감에 넘쳐 당당해하고 있는 모습이 떠오릅니다.

상사 자네는 지금까지도 여러 난관들에 맞서 프로젝트를 성공시키지 않았나?

부하 그렇군요. 감사합니다. 최선을 다하겠습니다.

이와 같이 구체적인 목표를 설정함으로써 앞에서 설명한 시각화를 아주 쉽게 행할 수 있게 됩니다. 그것은 처음부터 부하의 마음속에 '목표를 달성하고 싶다'는 의도가 숨겨져 있었기 때문입니다.

그 의도를 시각화함으로써 부하의 '안 될지도 몰라' 하는 생각이 '하면 될지도 몰라' 하는 생각으로 변해가는 것입니다.

목표는 꿈이나 동경이 아닙니다. 충분히 도달 가능한 미래의 도달점입니다. 목표를 시각화함으로써 '달성하고 싶다' 라는 마음을 갖게 할 수 있는 것입니다.

3. 미완성 상태의 일을 완성시킨다

휴가를 즐기기 위해 쌓여 있던 일을 단번에 해치운 경험은 누구에게라도 있을 것입니다. 일을 마무리 짓지 못해 휴가중에 일을 하게 되었다거나 쉬고 있어도 일에 신경이 쓰인다면 그 즐거움은 반감하고 말 것입니다.

이것은 목표 설정에 있어서도 적용되는 말입니다. 목표가 확실하면 그것을 달성하는 데 방해가 되는 것은 무엇일까에 눈을 돌려 잡다한 일이나 끝내지 않으면 안 될 일을 마치려는 의식이 저절로 솟아나게 됩니다.

지금 자신이 끌어안고 있는 일, 처리해야 할 안건에 눈을 돌려 신속하게 처리해 갑니다. 목표를 설정함에 따라 손 대지 않고 있던 일을 마치게 되는 것입니다.

4. 자신감과 책임감이 생긴다

당신의 부하가 능력 향상을 위해서 정보처리 기술 자격증에 도전하려고 하고 있습니다. 하지만 어째서 정보처리 기술자일까요? 틀림없이 궁금해하실 것입니다.

시대의 필요성이라는 관점에서 본다면 증권 아날리스트나 파이낸셜 기획자를 선택할 수도 있을 것입니다. 부동산 관계라면 주택이나 토지가옥 조사사라는 자격도 생각할 수 있을 것입니다. 그 외에도 일과 관계된 자격증이 얼마든지 있는데 무슨 생각으로 정보처리 기술자를 선택한 것일까요?

실은 이것이 중요한 것입니다. 부하는 수많은 자격증들 중에서 하나를 선택하여 자신의 목표로 설정한 것입니다. 목표를 선택한 것이 자신이라는 의식은 자존심과 자신감을 갖게 합니다.

간단하게 말하자면 '의욕'을 겉으로 표출한 것인데 그런 마음을 북돋우는 것이 상사의 역할입니다. 지도를 행할 때는 왜 그 자격증으로 목표를 설정했을까를 꼭 물어봐 주십시오.

부하는 이렇게 대답할지도 모릅니다. 사내에 구축된 LAN을 유용하게 활용하여 데이터 베이스의 공유나 의사소통이 신속하게 이뤄질 수 있도록 하기 위한 도구로 활용하고 싶다고.

목표를 설정한 데서 오는 자신감, 그리고 목표를 상사에게 밝혔다는 데서 오는 책임감은 먼 곳에 있는 골대를 가까운 곳에 있는 것으로 느끼게 할지도 모릅니다.

누군가가 시켜서 하는 것이 아니라 스스로가 선택해서 노력하려고 하는 의식에 승인을 부여해 주십시오. 만에 하나 그 목표를 달성하지 못했다 하더라도 처음부터 부정을 하는 것은 피하는 것이 현명합니다.

5. 주위와의 커뮤니케이션이 깊어진다

그 목표가 달성하기 어려운 것일수록 주위 사람들의 도움이 중요합니다. 다른 부서와 함께 진행하는 커다란 프로젝트를 생각해 보면 알 수 있듯이 함께 목표를 달성하려고 하는 사원간에 의사소통이 없다면 그 일은 곧 암초에 부딪히고 말 것입니다.

주위 사람과 협력 관계를 유지하여 서로 격려하며 목표를 향해 가기 위해서는 목표를 공유하고 끊임없이 커뮤니케이션을 행하지 않으면 안 됩니다.

이것은 개인의 목표인 경우에도 마찬가지입니다. 혼자서 골대 앞까지 가는 것은 가능한 일이지만 그것은 험난한 길이 될 것입니다. 도중에 좌절을 맛보고 자신감을 잃는다면 간신히 피어난 자립에의 의지마저도 잃고 말 것입니다.

다른 사람에게 협력을 청하거나 가르침을 요구하는 것으로 달성할 가능성은 비약적으로 높아집니다. 그럼 어떻게 해야 주위 사람으로부터 도움을 받을 수 있을까요? 그를 위해서는 커뮤니케이션을 능숙하게 행할 필요가 있습니다. 상사는 그 점에 주의하여, 지도에 의한 도움을 줘야만 합니다.

6. 향상심을 갖게 한다

아무런 어려움도 없이 도달할 수 있는 것이라면 그것은 목표라고 볼 수도 없고 거기서는 성취감도 얻을 수 없을 것입니다. 일부러 목표라고 내걸 정도이니까 그것은 어렵고 또 보람도 얻을 수 있는 일일 것입니다.

그렇기 때문에 갈피를 못 잡고 허둥지둥하거나 마음이 약해지는 경우도 생깁니다.

'이래가지고 영업 성적을 제대로 올릴 수 있을까?' 라는 불안감을 느끼고 있는 부하가 있다고 합시다. 거기서 팔짱을 끼고 앉아만 있는 부하는 좋지 못한 예감대로 목표에 달성하지 못할 것입니다.

그러나 처음에는 걱정을 하고 있지만 결과적으로는 목표를 달성하고 싶어하는 부하는 불안감 속에 머물러 있지 않을 것입니다. 틀림없이 한 걸음 앞으로 나가려고 할 것입니다. 그 걸음이야말로 목표 달성에 없어서는 안 될 창의에 대한 궁리이며 학습을 위한 태도라고 할 수 있습니다.

혼다기연공업(本田技研工業)이 세계의 혼다로 웅비할 수 있었던 계기가 된 것은 저공해 CVCC엔진의 개발 때문이었다고 합니다. 매우 까다로운 기준치로 유명한 미국 마즈키 법('70년, 대기청정법)을 통과하기 위해 각사가 총력을 기울이고 있었습니다.

그렇지만 그 어느 회사에서도 결정타를 때리지 못했고 혼다의 기술자들도 괴로워하고 있었지만 혼다의 기술자들에게는 '틀림없이 할 수 있다'라는 확신이 있었던 것입니다.

어째서 기준치를 만족시키지 못하는 것일까, 그것은 방법에 문제가 있기 때문이 아닐까? 이렇게 자문하며 침식을 잊고 연구를 거듭한 끝에 세계 최초로 마스키 법을 통과한 CVCC 엔진을 개발한 것입니다.

'목표는 달성된다'라는 확신을 가지고 있다면 거기서부터 희망이 생겨납니다. 실패에서 배우고 여러 가지로 궁리를 하십시오. 그 에너지가 위대한 목표로 접근해 가기 위한 최대의 힘이 될 것입니다.

7. 목표 달성을 가능하게 하는 과정을 몸에 익힐 수 있다.

목표를 달성하기 위해서는 무엇이 필요할까? 그 요소를 지금까지 설명해 왔습니다. 목표를 갖는다는 것은 지금까지 얻은 노하우를 직접 몸으로 배울 수 있는 기회가 되기도 하는 것입니다.

목표를 설정함으로 해서 미래를 시각화하는 것도 가능해졌고 책상 위에 산더미처럼 쌓여있던 서류 정리도 끝낼 수가 있었습니다.

그 하나하나가 목표 달성을 위한 리소스로 기억되어 보다 높은 차원의 목표로 향하게 하는 모티베이션이 되기도 합니다.

그것은 자동차의 운전과 닮아 있습니다.

학원에 다닐 때는 손으로 이것 저것 더듬거리며 자동차 운전을 배웠습니다. 고생 끝에 운전면허증을 딴 뒤 실제로 도로를 달리게 되면 그렇게도 힘들게만 느껴졌던 언덕길에서의 출발이나 추월 등이 곧 거짓말 처럼 간단한 것이 되어버리고 맙니다.

목표 달성도 이와 같은 것입니다. 달성하려고 하는 목표는 서로 다르지만 그 달성 과정은 모두 같은 것입니다.

즉, 하나의 목표를 달성하기 위해 쉬지 않고 노력하고 있다는 것은 달성 노하우를 몸에 익히게 하여 목표의 차원을 무의식중에 높이게 하고 있는 것입니다.

목표를 가지고 그 목표를 향해서 전진한다는 행위 자체가 그 사람의 성장임과 동시에 새로운 목표에의 도전이기도 한 것입니다.

목표를 달성시키려고 할 때의 주의점

한 회사의 중간 간부를 만나 '지도법을 통해서 어떤 인간이 되고 싶으십니까?' 라고 물었더니 '인간으로서 크게 성장하고 싶습니다' 라고 대답해 주셨습니다. 정말 훌륭한 생각입니다만 이 대답으로는 어디를 향해서 무엇을 해야 할지를 알 수가 없어 당황스러울 뿐입니다.

막연한 희망을 누가 들어도 알 수 있는 달성 가능한 목표로 바꿀 필요가 있습니다. 이 커다란 덩어리를 풀어갈 수 있도록 지도를 행하며 그 사람이 인간으로서의 성장이란 무엇인가를 구체적으로 시각화할 수 있게 해야 합니다.

목표를 설정하는 과정에서는 다음과 같은 함정에 빠지기 쉽습니다.

'많은 친구들에게 둘러싸여 커다란 프로젝트를 수행해서 높은 평가를 받는다.'

자신은 그렇게 생각할지도 모르겠지만 이것은 자신 이외의 사람들은 알 수 없는 '내부 기준'에 의한 언어에 지나지 않습니다.

내부 기준에 의지하다 보면 자신에게 약해지게 됩니다. '많은 친구들'을 처음에는 100명 정도로 상정했지만 힘든 일에 부딪히게 되면 그것이 50명이 되고 결국에는 10명이면 충분하다고 생각하게 될지도 모릅니다. 즉 달성했는지 못했는지를 객관적으로 판단할 수 없게 되는 것입니다.

'커다란 프로젝트'도 마찬가지입니다. 커다란 프로젝트에도 여러 가지 규모가 있어 달성이 힘들어지면 장애물의 높이를 더욱 낮추게 되는 것입니다. 높이를 낮춘 장애물을 넘었다고 해서 정말로 목표를 달성했다고 할 수 있는 것일까요?

목표는 '내부 기준'으로 설정하는 것이 아니라 제3자라도 알 수 있는 '외부 기준'으로 설정해야만 합니다. 무엇을, 언제까지, 얼마만큼 진행시킬 것인가, 이것을 수치화해서 나타내는 것이 외부 기준입니다.

외부 기준을 도입하면 목표 달성까지 남은 거리의 잣대를 가져다 댈 수 있게 됩니다.

예를 들어 한 사람의 훌륭한 영업맨이 되겠다라는 '내부 기준'을 가지고 있는 부하에 대해서 그것을 외부 기준으로 나타내도록 지도를 했습니다. 만약 훌륭한 영업맨이라는 것을 월간 영업 성적 3천만 엔의 매상이라는 외부 기준으로 나타내는 것이 가능하다면 지금의 매상과 비교하여 달성도를 측정할 수 있게 됩니다.

이것을 명확하게 만들어 가는 것이 코치의 일입니다. 코치는 끊임없이 외부 기준이라는 사고방식을 자신의 머릿속에 넣어두고 또 그 의미를 부하가 알 수 있도록 해주십시오.

"어째서 그것이 달성된 것이라고 생각합니까?"

"'굉장히 많이'라는 것은 구체적으로 얼마만큼입니까?"

"그것을 마무리하는 것은 언제입니까?"

라는 등의 질문을 하십시오.

예를 들어 신상품 계획의 기획서를 작성해서 제품화한다는 목표를 가지고 있다고 합시다.

상사 어때? 신상품 계획은 순조롭게 진행되고 있나? 진행 상황을 듣고 싶은데.

부하 고민거리가 좀 생겨서…….

상사 어떤 문제지?

부하 우리 상품의 주고객층은 남자입니다만 판로를 넓히기 위해서는 여성 고객층도 염두에 두는 것이 좋다고 생각합니다.

상사 음, 그거 좋은 생각인데.

부하 그런데 여성 소비자를 너무 의식하다 보면 반대로 기존의 남성 소비자가 외면을 하는 것이 아닐까 하는 생각도 듭니다. 그것 때문에 계획이 정리가 되질 않고 있습니다.

상사 남성 소비자를 그대로 잡아두고 거기에 여성 소비자를 확보하겠다는 것이지? 그래 여성 소비자는 얼마 정도로 예상하고 있지?

부하 될수록 많이 확보할 생각입니다.

상사 될수록 많이라니, 구체적으로 어느 정도를 말하는 거지?

부하 그러니까…….

상사 만약 100% 증가시킨다면 어떻게 되지?

부하 배로 증가한다면 완전히 여성이 주고객층이 되기 때문에 남성들이 흥미를 잃게 될 우려가 있습니다.

상사 50% 증가시킨다면 어떻게 될까?

부하 그것도 역시 남성 고객의 외면이 예상됩니다. 30% 전후의 증가를 목표로 하면 남성 소비자도 커다란 반감은 느끼지 않을 것이라고 생각합니다. 네, 30% 증가를 목표로 계획을 잡아봐도 괜찮겠습니까?

상사 계획을 세우기 위한 방법에는 어떤 것이 있다고 생각하나?

부하 전에 다른 프로젝트 때문에 시장 조사를 해놓은 자료가 있을 것입니다. 먼저 그것을 이용하겠습니다.

상사 구체적으로 어떻게 활용하겠다는 거지?

부하 시장 조사 자료 속에서 여성 소비자의 의식과 남성 소비

> 자의 의식의 차이를 추출해 수치화하겠습니다. 그런 다음에 30% 증가를 노릴 수 있는 기능과 인터페이스를 생각해 보겠습니다.
>
> 상사 그건 언제까지 할 수 있겠나?
> 부하 늦어도 10일 이내로 하겠습니다.
> 상사 그럼 그 결과가 나오면 가르쳐주지 않겠나?
> 부하 네, 알겠습니다.

기업 내의 목표는 대부분이 수치화된 외부 기준으로 나타나는 것이 보통입니다. 하지만 개인이 가지고 있는 목표 중에는 내부 기준으로 표현된 것이 적지 않습니다. 예를 들어

- 커뮤니케이션을 능숙하게 행하자.
- 부하로부터 신뢰받는 상사가 되자.
- 고객으로부터 신뢰를 얻자.
- 직장의 분위기를 활기차게 만들자.

이와 같은 경우 상사로서의 역할은 부하가 내부 기준으로

가지고 있는 목표를 지도법으로 외부 기준으로 바꿔 목표달성을 위한 구체적인 행동을 일으키게 하는 것입니다.

다음은 목표설정을 위한 체크 리스트를 정리한 것입니다. 참고하시기 바랍니다.

- 지금 어떤 일을 하고 있는가를 목록화하고 있는가?
- 목록화한 항목을 중요도와 긴급도로 나누어 두었는가?
- 목표는 '중요하지만 급하지는 않은 일' 중에서 선택했는가?
- 외부기준으로 목표를 설정해 두었는가?
- 목표를 달성했을 때의 이미지를 구체적으로 시각화 해 나타내고 있는가?
- 목표를 달성하기 위해 필요한 구체적인 전술(戰術)을 목록화해 두었는가?
- 목표를 달성하는 데 방해가 될 만한 것들을 사전에 전부 목록화해 두었는가?
- 어떤 장애라도 극복할 수 있는 구체적인 아이디어를 가지고 있는가?
- 목표를 향해서 노력하고 있는 부하가 어떤 면에서 성장할 것

이고 어떤 것을 배울 수 있을 것인가를 부하에게 전달해 두었는가?

종장

6개월 뒤, 틀림없이
'이윤을 남기는 조직'으로
만드는 지도법

부하가 좋다고 생각하는 것이
부하를 위한 것이 아니라는 사실

지도의 여러 가지 스킬, 지도의 실례를 접하면서 당신은 평소의 행동을 생각해 봤을 것입니다.

자신이 좋다고 생각한 것, 부하를 위해서라고 생각하며 사용한 말이 반드시 부하를 위한 것이 되지는 않았다는 사실을 알게 되었을 것입니다.

하지만 실망할 필요는 없습니다. 지도법을 모르는 대부분의 상사들은 윗자리에서 지시를 내리는 것이 현실이기 때문입니다. 그것은 예전에 상사로부터 자신이 당한 일이고 그것을 답습하는 것에 지나지 않는 것입니다.

물론 개중에는 사람을 능숙하게 부릴 줄 알아 부하가 스스로 일을 진행시켜 나갈 수 있는 환경을 만들어주는 사람도 있습니다. 저는 그와 같은 사람을 만난 적이 있습니다.

그는 커다란 설비기기 회사의 매니저인 N이라는 사람입니다. N씨의 고민은 다음과 같은 것이었습니다.

"나는 나 스스로도 싹싹하고 부드러운 사람이라고 생각하고 있습니다. 부하가 실수를 했을 때도 화를 낸 적이 거의 없고 잘 가르쳐 달랜다는 마음으로 접했습니다. 그런데도 부하가 적극적으로 내게 말을 걸어오는 경우는 아주 드뭅니다. 부하와는 무슨 일이라도 함께 얘기를 나눌 수 있는 관계를 유지하고 싶은데 도대체 어디가 잘못된 것입니까?"

틀림없이 N씨는 사람을 대할 때 상당히 부드럽게 대하는 사람으로 그 부드러움이 전신에서부터 배어나오는 듯한 인상을 주는 사람입니다. 그 때문에 본인의 고민도 컸던 것입니다. 그 이유가 지도법의 연수에서 행한 롤 플레잉에서 명확하게 드러났습니다.

롤 플레잉에서는 참가자의 한쪽이 상사, 다른 한쪽이 부하가 되어 실제로 지도법을 행하는데 N씨가 상사의 역을 다른 참가자가 부하의 역을 맡았습니다. 나중에 부하 역할을 맡았던 사람으로부터 이런 보고를 들었습니다.

"N씨는 정말로 부드러운 사람입니다. 너무 부드러워서 이쪽에서 반론도 못할 정도로……. 교회의 목사님에게 청해 가르침을 받고 있는 듯한 느낌이었습니다. 그렇기에 그저 고개를 끄덕일 수밖에 없었습니다."

이 말에 N씨는 굉장한 충격을 받은 듯했습니다. 그렇습니다. 단지 부드럽게 대한다고 해서 부하가 스스로 생각해서 행동을 하는 것은 아닙니다. 만약 그렇다면 지도법의 기술이 주목받을 리가 없을 것입니다. 도대체 N씨의 어떤 점이 잘못 되었던 것일까요?

지시 명령형의 커뮤니케이션이 막다른 골목에 봉착, 조직이 경직화되어 생산성이 저하되기 시작했습니다. 이것을 타개하기 위해서 수많은 기업에서 조직의 플랫화를 도입하고 있습니다.

하지만 아무리 조직이 플랫화되어도 커뮤니케이션이 지시

명령형으로 이루어지고 있다면 아무런 변화도 일어나지 않을 것입니다. 아니 오히려 현장에서의 혼란을 초래할지도 모르겠습니다.

그래서 지금 활발하게 도입을 꾀하고 있는 것이 상사와 부하가 같은 눈높이에서 이야기하는 질문형 커뮤니케이션입니다. 이것이야말로 지도법이라고 할 수 있는데 그 전제가 되는 것이 '문제에 대한 답과 그것을 실현시킬 능력은 본인이 가지고 있다' 라는 사고방식입니다. '사람은 무한한 가능성을 가지고 있다' 라는 사고방식이라고 볼 수도 있을 것입니다.

표면적으로 부드럽게 부하와 접한다 하더라도 그 내용이 '이렇게 해야 하는 것 아닐까?' 와 같은 것이라면 그것은 지시 이상도 이하도 아닌 것입니다. 종래의 지시 명령형 커뮤니케이션을 좀 완곡하게 실천하고 있을 뿐인 것입니다.

저는 N씨와 같은 사람이야말로 참된 의미에서의 지도법을 익혀 꼭 실천해 주기를 바라고 있습니다.

지도법으로 '조직'이 변한다

자주 받는 질문 중에 하나가 '지도법을 행하면 회사가 어떤 식으로 변합니까?' 라는 것입니다.

지도란 기본적으로는 일 대 일의 관계로 개인의 능력 개발을 돕기 위한 것이지만 실제에 있어서는 매니저가 부하 육성을 위해서 지도법의 연수를 받는 방법이 일반적입니다.

지금까지 200개를 넘는 기업의 중간 간부들에게 일 대 일(man-to-man)로 지도를 행하거나 혹은 매니저를 대상으로 한 지도법의 연수를 행해왔습니다. 지도법을 도입한 회사에서는 그 변화가 확실하게 눈에 띕니다. 어째서 지도법을 도입하면 변화가 일어나는 것일까요?

지시 명령형으로 업무를 행하던 때의 일반 사원은 상사가 던진 공을 단지 받기만 할 뿐이었습니다. 그것이 폭투라면 몸을 던져서라도 받아야만 했습니다.

지도법에서는 공을 받는 것이 아니라 '자, 공을 던져봐' 라며 상사가 양보의 마운드에 서는 것입니다. 이때 '어떤 공을 던질 건가?' 라고 물어오는 상사에게 '전에는 커브를 던져 맞았으니까 이번에는 몸쪽 직구' 라고 구질을 생각해서 실제로 부하가 공을 던지는 것입니다.

이것이 지도입니다.

스스로가 게임(일)을 만들어가는 주인공이 되는 것이기 때문에 이전과는 의욕 면에서 차이를 보일 것입니다. 이것이 회사의 분위기에 반영되어 지도법을 도입하면 커뮤니케이션이 활발해지고 매우 밝고 명랑한 조직으로 변하게 되는 것입니다.

'이런 제안을 하면 상사가 비웃지나 않을까?', '아니, 야단을 맞을지도 몰라' 라는 생각이 든다면 어느 누구도 입을 열려고 하지 않을 것입니다. 지도법이 하나의 문화로 자리잡은 조직에서 부하는 이런 걱정을 하지 않습니다.

왜냐하면 코치는 어떤 평가도 하지 않기 때문입니다. 간단하게 말하자면 좋다, 나쁘다라는 식의 판단을 하지 않는 것입니다. 부하가 스스로 판단할 수 있도록 질문할 뿐입니다.

"그 아이디어를 실행에 옮긴다면 어떻게 될까?"

"좀더 다른 방향으로 생각할 수 있지 않을까?"

"구체적으로 어떤 일이 일어날까?"

"어떤 결과가 날 것이라고 생각하나?"

이에 대해 부하는 스스로 생각해 자신의 아이디어를 말합니다. 다시 질문이 반복됩니다. 부하가 눈을 반짝이며 '그렇군, 이런 방법도 있었군요'라고 말했을 때 당신은 '그거 괜찮은데'라며 동의를 할지도 모르겠습니다.

하지만 그것은 윗사람으로서의 평가가 아니라 그 아이디어에 승인을 부여하고 있을 뿐인 것입니다. 승인의 의의에 대해서는 이미 말했기 때문에 다시 말하지 않겠지만 상사로부터 승인을 받은 부하는 힘을 얻어 자신의 생각에 자신감을 갖게 됩니다. 그것이 의욕을 불러일으키는 것으로 상사가 직접 개입하고 있는 것이 아닙니다.

상사가 생각하는 것이 아니라 부하를 생각하게 하는 것입니다. 부하가 '어떻게 하면 좋겠습니까?' 라고 고민을 털어놓았을 때 지금까지는 자신의 경험이나 지식을 총동원하여 '역시 상사는 다르군' 이라고 생각할 만한 답을 했을지도 모릅니다. 때로는 상사가 직접 나서지 않으면 안 되는 경우도 있을 것입니다.

하지만 그것이 지도가 가능한 경우라면 '자네는 어떻게 하면 좋겠다고 생각하나?' 라고 한마디 되물으면 되는 것입니다. 그것은 직무유기가 아니라 '해답은 틀림없이 부하의 내부에 잠들어 있다' 라 믿고 그것을 이끌어내기 위한 질문인 것입니다.

부하가 '그걸 잘 모르겠습니다' 라고 대답한다면 이렇게 질문하는 것입니다. '그럼 자네가 알고 있는 사실은 어떤 것이지?' 혹은 '그것을 알기 위해서는 어떻게 해야 할까?' 라고.

부하는 당신의 질문에 답해가면서 자신의 내부에 잠들어 있는 금맥(金脈)에 도달하게 될 것입니다. 그 다음은 스스로가 그 금맥을 캐도록 더욱 더 질문을 해서 도움을 주는 것입니다.

막연하게 '모르겠다'라고 생각하고 있었던 것이 지도법에 의해서 안개가 걷히듯 뚜렷해지며 결국에는 어떤 일을 해야 하는지 스스로 알게 되는 것입니다. 이에 기분이 고조되지 않는 부하가 있을까요? 말하지 않아도 스스로의 생각을 바로 실행에 옮길 것입니다.

다시 말하자면 지도법을 행함으로써 한 사람 한 사람이 밝고 명랑하게 일을 하게 되는 것입니다. 그런 부하가 많다면 부서 분위기는 어떻게 될까요? 그리고 그런 부서가 많은 회사 전체는 어떻게 변할까요?

여러 가지 아이디어가 회사 여기저기서 솟아나고, 지시하지 않아도 어려운 일에 자기 스스로가 부딪혀가는 사원들. 말할 것도 없이 생산성이 향상될 것이고 활기 넘치는 직장 환경이 실현될 것임에 틀림없습니다.

질문하는 것에 익숙한 저입니다만 '지도법에 역효과는 없습니까?'라는 질문을 받으면 어떻게 대답해야 할지 곤란해집니다. 저는 아직까지 그에 대한 대답을 발견하지 못했기 때문입니다.

단지 하나 이야기할 수 있는 것은 지도법이라는 것이 어떤 경우나 상황에 있어서도 효과를 발휘하는 만병통치약은 아니라는 것입니다. 때와 장소에 따라서는 가르침을 행해야 할 때도 있고 시간이 부족한 경우에는 지도법이 적합하지 않다는 것은 당연한 사실입니다.

당신과 부하 사이에는 16가지의 관계가 있다

코치로서 부하를 대할 때의 스킬에 관해서 제가 알고 있는 것은 전부 소개했습니다. 그렇지만 당신이 사전에 알아두어야 할 점에 대해서는 아직 말하지 않았습니다. 그것은 당신 자신에게도 스타일이 있다는 것입니다.

1장에서 설명한 바와 같이 지도를 행할 때는 상대의 스타일을 잘 알아야 합니다. 어떤 스타일인지를 잘 파악해서 그 특성에 맞는 대응이 중요하다고 지적했습니다.

그리고 상대에게 스타일이 있는 것처럼 코치, 즉 당신에게도 스타일이 있을 것이고 그것은 서로의 커뮤니케이션에 있어서 매우 중요한 요소가 되는 것입니다.

당신은 지금부터 지도법의 스킬을 이용하여 부하와 접해보려고 생각하고 있을지도 모릅니다. 그러려면 자신과 상대 각각의 스타일이 만났을 때의 특성을 잘 이해해 둘 필요가 있습니다.

단, 이것은 상대와 내가 잘 맞는 관계인가를 알기 위한 것이 아닙니다. 지도를 행할 때의 개념으로 알아두는 정도로 충분한 것입니다.

| 콘트롤러(상사) × 콘트롤러(부하)

콘트롤러는 처음부터 '나에게 도움이 되는가?'를 판단하는 경향이 있습니다. 호감을 갖는 것은 자신의 의견을 확실하게 말할 수 있는 사람입니다. 따라서 서로의 의견을 교환해 가면서 점점 서로를 인정하게 됩니다. 또 발상이 닮아 있기 때문에 일에 관해서는 의견 일치가 쉬운 상대라고 할 수 있습니다.

▎ 콘트롤러(상사) × 아날라이저(부하)

 아날라이저인 부하는 당신과는 다른 순서로 일을 결정해 실행에 옮깁니다. 정보 수집, 분석 등에 뛰어나기 때문에 두뇌 역할을 할 수 있는 자리를 제공하는 것이 좋습니다. 단, 커다란 변화나 속전속결에 약하기 때문에 성질 급한 당신은 답답함을 느낄 수도 있습니다. 그 기분을 자제하고 이야기할 때는 배경이나 이유를 확실하게 이야기하도록 해주십시오.

▎ 콘트롤러(상사) × 프로모터(부하)

 과감하게 행동하는 부하를 보고 간담이 서늘해지는 경우도 있을 것입니다. 하지만 사교적이고 분위기를 즐겁게 만들어가는 것이 프로모터의 특징입니다. 새롭고 참신한 아이디어를 느닷없이 들고 오는 경우가 있지만 당신은 비교적 승인에 인색한 편입니다. 승인을 받으면 모티베이션이 향상되는 스타일인 프로모터에 대해서는 승인에 신경을 쓰는 것이 최선의 방법입니다.

┃ 콘트롤러(상사) × 서포터(부하)

일의 전말을 성급하게 판단하려는 경향이 있는 당신에 대해 이 부하는 좀처럼 자신의 생각을 주장하려들지 않습니다. 또 무엇을 생각하고 있는지 본심을 밝히려 하지도 않습니다. 그렇기 때문에 말뿐 아니라 논버벌에 특별히 주의하며 대화를 나누는 것이 중요합니다.

┃ 아날라이저(상사) × 콘트롤러(부하)

이 부하에게 빙빙 말을 돌려서 설명하는 것은 금물. 변죽을 두드릴 필요도 없습니다. 결론부터 이야기해야 합니다. 거친 말이 되돌아오는 경우도 있지만 표면적인 공격성에 당황할 필요는 없습니다. 콘트롤러가 발하는 에너지가 언제나 신중한 당신을 앞으로 나가게 해줍니다.

┃ 아날라이저(상사) × 아날라이저(부하)

서로 간섭하지 않는 스타일이기 때문에 안정감 있는 관계를 구축할 수 있습니다. 전문적인 이야기로 시간마저 잊는 경우도 있지만 정보를 수집해 평가하는 것만으로 만족하는 경향이 있습니다. 당신 스스로가 아날라이저의 틀을 깨고 리드해서 부하의 의욕을 이끌어내십시오.

| 아날라이저(상사) × 프로모터(부하)

감각적으로 움직이는 경우가 많은 부하 때문에 당신은 다소 골머리를 썩을 때가 있을지도 모르겠습니다. 통이 커서 세부적인 이야기를 싫어하는 스타일이기 때문에 너무 세부적인 것에는 개의치 말고 부분적으로나마 일을 완전히 맡겨야 능력을 발휘하게 할 수 있습니다.

| 아날라이저(상사) × 서포터(부하)

자신의 내면이나 개인적인 일을 이야기하는 것을 싫어하는 당신이지만 서포터는 당신의 기분을 알고 싶어합니다. 평소에 커뮤니케이션을 통해 신뢰 관계를 구축해 놓으면 부하는 생각했던 것 이상으로 힘을 발휘합니다. 특히 서포터에게는 I 메시지가 중요합니다.

| 프로모터(상사) × 콘트롤러(부하)

상대를 칭찬하는 것에 인색한 부하에게 당신은 조금 불만을 가지고 있을지도 모르겠습니다. '이 아이디어는 괜찮은 것 같은데'라고 분위기를 띄워도 그에 응하질 않습니다. 단, 이야기에는 귀를 기울이며 자신의 의견도 이야기합니다. 그 의견 속에는 참고할 만한 것들이 많이 있을 것입니다.

| 프로모터(상사) × 아날라이저(부하)

아이디어가 풍부하고 언제나 새로운 일에 도전하는 당신에 비해서 부하는 착실하게 계획을 세워 일을 행하는 신중파. 상극이라고도 말할 수 있는 스타일입니다. 목적이나 주변 정보를 제공하는 데 노력을 아끼지 않는다면 당신의 아이디어를 실현시켜줄 강력한 파트너가 될 것입니다.

| 프로모터(상사) × 프로모터(부하)

새로운 일, 즐거운 일을 좋아하는 두 사람이 얼굴을 맞대면 분위기가 고조되어 갑니다. 서로의 아이디어가 자극제가 되어 여러 가지 발상이 쏟아져 나올 것입니다. 단, 그때의 분위

기와는 달리 용두사미격으로 될 가능성이 높기 때문에 상사로서 계획성과 구체적인 대책에 대해 신경을 쓰지 않으면 안 됩니다.

| 프로모터(상사) × 서포터(부하)

다른 사람의 이야기에 귀를 잘 기울이는 부하에게 당신은 안도감을 느낄 것입니다. 그렇기 때문에 무의식중에 부하에게 신경을 쓰지 않게 되는 경우가 있습니다. 칭찬받고 싶어하는 경향이 강한 부하입니다. 확실하게 승인을 부여하고 이야기할 찬스를 적극적으로 만드는 것이 중요합니다.

| 서포터(상사) × 콘트롤러(부하)

때때로 무뚝뚝하게 이야기하는 부하에게 불안함을 느끼겠지만 사실 부하는 당신이 자신의 이야기를 들어주기를 바랍니다. 질문을 해서 이야기를 이끌어내야 하는 지도에 있어서는 안성맞춤의 관계. 비록 부하라 하더라도 당신이 존경하는 마음을 가질 수만 있다면 부하는 마음을 열 가능성이 있습니다.

| 서포터(상사) × 아날라이저(부하)

무슨 생각을 하고 있는지 알 수 없는 부하에게 불만을 느낄 수도 있습니다. 아날라이저는 본심을 드러내는 데 시간이 걸리는 스타일. 그것을 이해하고 천천히 사귀어 나가려는 여유로움을 서포터는 가지고 있습니다. 한 번 관계가 깊어지면 비슷한 페이스의 두 사람은 최고의 파트너가 될 가능성이 있습니다.

| 서포터(상사) × 프로모터(부하)

변화에 대응할 수 있는 유연성을 소유한 부하는, 자신의 이야기를 잘 들어주는 상사 앞에서, 마치 물 만난 물고기와도 같습니다. 이 부하는 자신의 아이디어를 부정하는 것을 극단적으로 싫어합니다. 또 분방한 성격으로 세부적인 일에 주의하지 않습니다. 그런 점을 잘 보살펴서 문제의 핵심에서 벗어나지 않도록 피드백 등의 조언을 계속적으로 행하는 것이 중요합니다.

| 서포터(상사) × 서포터(부하)

같은 스타일인 당신은 기대에 부응하려고 서두르는 부하의 마음을 잘 이해할 수 있을 것입니다. 안 보이는 곳에서 노력하는 부하의 노력을 인정해 주는 것이 무엇보다도 중요합니다. 'No'라고 말하지 못하는 성격을 파악한 뒤 접하면 상대의 기분을 편하게 해줄 수 있습니다.

후기를 대신하며

후기를 대신해 하나의 성공 사례를 소개하려고 합니다.

K씨는 중견 손해보험 회사의 서동경 지사의 지사장이었습니다. 그는 신문에서 지도법 관련 기사를 읽은 것이 계기가 되어 저의 지도를 받게 되었습니다.

K씨를 처음으로 만난 것은 1998년 봄이었습니다. 우선 2시간 정도의 인터뷰를 했습니다.

"제 지도를 받아서 어떤 성과를 올리고 싶으십니까?"

라고 묻자 K씨는 이렇게 대답했습니다.

"지금의 일에 한계를 느끼고 있습니다. 실은 동업종의 외국계 기업으로부터 스카우트 제의를 받고 있습니다. 이후 자신의 움직임을 확실하게 하고 싶습니다. 만약 직장을 옮기게 된다면 그곳에서의 제 생활이 무리없이 이루어질 수 있도록 지도를 부탁합니다."

나는 K씨를 지도하기로 했습니다.

지도를 행해가면서 확실하게 알 수 있었던 것은, K씨 자신이 이직을 원하고 있는 것이 아니라 K씨의 상사인 본사의 영업본부장, 부하인 영업 매니저와 커뮤니케이션이 잘 이루어지질 않았고, 그것이 원인이 되어 지사의 영업 성적이 떨어졌기 때문에 이직을 희망하게 됐다는 사실입니다.

지도를 행한 지 3개월이 지났습니다. 나는 다시 한번 K씨에게 다음과 같은 기본적인 질문을 더 해보았습니다.

"어떻게 하면 영업 성적을 높일 수 있다고 생각하십니까?"

"영업 스텝의 교육밖에는 없다고 생각합니다."

다음으로,

"어떤 식으로 교육해야 한다고 생각하십니까?"

라고 묻자 K씨는 '3개월 동안 받은 지도가 커다란 도움이 되었다. 영업 스텝의 교육에 이 지도법을 꼭 넣고 싶다' 라는 아이디어를 냈습니다.

나는 K씨에게 지도법을 익힐 것을 권했습니다. 그렇게 해서 K씨는 제 지도를 받음과 동시에 스스로가 지도법에 대한 공부를 하게 되었습니다.

6개월 후, K씨는 자신의 배운 지도법의 스킬을 바탕으로 채용에서부터 영업 스텝의 교육, 영업 스텝의 관리에 이르기까지 모든 영역에 지도법을 도입한 전혀 새로운 조직을 생각해 내서 그 아이디어를 직접 사장에게 제안했습니다.

사장은 K씨의 제안을 받아들였습니다. 이 회사는 기존의 지사 경영 방식과는 전혀 다른 지도법을 전면적으로 도입한 새로운 시스템을 기초로 새로운 지사를 개발하게 되었습니다.

그리고 K씨는 그 새로운 프로젝트의 책임자가 되었습니다.

K씨가 이 프로젝트를 성공시키기 위해서 가장 먼저 행한 것은 지도를 행할 수 있는 환경을 만드는 것과 프로젝트에 관계된 멤버 전원에게 지도법의 스킬을 가르친 것이었습니다.

이를 위해 전화 회의법을 도입한 뒤 영업 스케줄 속에 지도법을 위한 시간을 마련했습니다.

K씨는 채용에서부터 영업 관리에 이르기까지 전 분야에 지도법의 개념을 도입했습니다. 구체적인 예를 하나 들자면 모든 커뮤니케이션에 지도법에 의한 '질문 형식'을 도입한 것입니다.

신입사원 교육 등에서 신규 영업을 위한 전화 대응법을 가르치는 경우, 자세한 매뉴얼을 바탕으로 한 일방적인 가르침을 행했습니다. 하지만 지도법을 배운 상사는 이번에는 신입사원에게 다음과 같은 질문을 하게 되었습니다.

"처음에 어떤 말을 해야 상대가 좋은 인상을 받을까?"

"만약 상대의 대답이 만족스러운 것이 아닐 경우 어떤 말로 마무리해야 다음으로 연결될 가능성이 높아지겠는가?"

지도법의 도입으로 인해 영업 스텝들은 스스로 생각하고 스스로 행동하게 되었습니다.

영업 관리직 직원들에게도 지도법의 스킬을 배우게 했고 영업 스텝들의 관리도 지도법에 의해 행해지고 있습니다.

때로는 강제적인 방법을 쓰기도 했지만 지도법을 도입한 후부터는 영업 스텝들의 자발적인 움직임이 눈에 띄게 되었습니다.

또 전에는 영업 성적이 좋은 지점이 있으면 다른 지점에서는 질투를 할 뿐이었습니다. 그런데 지금은 서로가 어떤 점 때문에 성적이 좋은 걸까를 배우게 되었습니다.

K씨는 일찍이 영업 스텝들간, 지점간의 날리지 매니지먼트(Knowledge management, 지식·노하우의 축적, 공유, 활용)가 필요하다고 생각하고 있었습니다. 그런데 그것이 지도법을 도입함으로써 러닝 오거니제이션(Learning organization, 상호 스스로 배워가며 그것을 자체적으로 강화, 성장시켜 나가는 조직) 풍토를 만들어가게 된 것입니다.

지도법을 본격적으로 도입한 지 2년째 되던 해에 K씨의 시스템에 의해 구성된 지사는 12곳으로 늘어났습니다. 그 지사들은 총 40개의 기존 지사와 비교해 볼 때, 매상 면에서 평균 2, 3배 정도 높은 실적을 올리고 있습니다.

이 손해보험회사는 내년부터 전 지사에 지도법을 도입하기로 했습니다. K씨는 이 프로젝트의 성공을 인정받아 영업본부장으로 발탁되었습니다.

이 책을 쓰면서 많은 분들의 도움을 받았습니다. 저는 지도법을 ㈜코치 21이 주최하는 CTP(코치 트레이닝 프로그램)에서 지금도 배우고 있습니다.

먼저 저의 코치이며 코치 21의 대표이기도 한 이토 마모루(伊藤 守) 씨에게 감사드립니다. 이토 씨에게서 커뮤니케이션과 지도법의 모든 것을 배웠습니다. 그리고 현재진행형으로 코치를 받고 있습니다. 또 코치 21의 스텝들, CTP에 참가한 많은 코치들로부터 많은 것을 배울 수 있었습니다. 이토 신야(伊藤愼也) 씨, 청춘출판사의 노시마 준코(野島純子) 씨로부터는 커다란 도움을 받았습니다. 마음 깊이 감사드립니다.

이 책의 부족한 점은 모두 저자의 책임입니다.
의견, 감상을 저자에게 보내주시면 감사하겠습니다.

〒102-0082 東京都千代田區一番町13-3

TEL 03-3237-9781

URL: http://www.coach.co.jp

옮긴이 박현석

목원대학교 국어국문학과 졸업. 번역 전문가, 에이전트.
역서로는 『위대한 인생(봄,여름)』, 『성공하려면 집중력으로 승부하라』, 『사람의 마음을 사로잡는 호감의 기술』, 등이 있다.

유능한 상사의 능력있는 부하 만들기

초판 인쇄일 · 2007년 7월 15일
초판 발행일 · 2007년 7월 20일

지은이 · 사쿠라이 카즈노리
옮긴이 · 박현석
기　획 · 김정재
마케팅 · 김정재
디자인 · 하명호
펴낸이 · 하중해
펴낸곳 · 동해출판
주소 경기도 고양시 일산동구 장항1동 621-32
전화 (031)906-3426 | 팩스 (031)906-3427
e-Mail : dhbooks96@hanmail.net
출판등록 : 제302-2006-48호

ISBN 978-89-7080-164-3 03320
* 값은 뒤표지에 있습니다.
* 잘못된 책은 바꿔드립니다.